师范专业认证与
师范教育创新研究

董晨峰　王　璐◎著

吉林出版集团股份有限公司

图书在版编目（CIP）数据

师范专业认证与师范教育创新研究 / 董晨峰，王璐
著 . — 长春：吉林出版集团股份有限公司，2022.4
ISBN 978-7-5731-1402-0

Ⅰ．①师⋯ Ⅱ．①董⋯ ②王⋯ Ⅲ．①教师教育—研
究 Ⅳ．①G65

中国版本图书馆 CIP 数据核字（2022）第 062839 号

师范专业认证与师范教育创新研究

著　　者	董晨峰　王　璐
责任编辑	郭亚维
封面设计	林　吉
开　　本	787mm×1092mm　　1/16
字　　数	250 千
印　　张	11.5
版　　次	2022 年 4 月第 1 版
印　　次	2022 年 4 月第 1 次印刷
出版发行	吉林出版集团股份有限公司
电　　话	总编办：010-63109269
	发行部：010-63109269
印　　刷	北京宝莲鸿图科技有限公司

ISBN 978-7-5731-1402-0　　　　　　　　　　　　定价：68.00 元

前　言

　　师范生教育关系未来教师群体的职业素养水平，本书从师范生教育的现状出发，借鉴师范类专业认证的核心理念，提出了一些师范生教育的新思路，力求明确师范生教育的目标，整合各方面教育资源，注重对教育全程的监督评价，保证师范生教育的效果。为加强对师范生教育过程的指导，一定要制定明确、科学、具体的教育目标。师范生既是现在的学生，又是未来的教师，在制定师范生教育目标时必定要整合师范生人才培养目标。例如，提高师范生的思想觉悟就应该包含"践行师德"的内涵，增强师范生的工作能力也应包括学生教学、育人的能力。

　　首先，是思想教育，"两课"教师及学院党委是师范生思想教育的专职教师。其次，是本院班主任、辅导员和专业课教师，既了解师范生思想教育，又具备专业知识和能力，一定要将他们的优势发挥出来。学院之间经常有交流合作，要调动其他学院的教师队伍。最后，生活中或者网络上的先进人物也是很重要的教育力量。

　　师范生教育内容既要包括思想教育、人生观、价值观方面的教育，也要包括专业能力的培养。工作能力包括一般的适应环境、人际交往、搜集信息能力，也包括作为一名教师的能力，即教育教学能力。师范生要具有强烈的社会责任感，时刻担当时代先锋模范，乐于奉献，服务群众，还要注意师德养成。

　　师范生的理论学习可采用传统的集体讲授，如上专业课、专题辅导，也要注意启发学生思考，交流学习感受和收获。组织"讲课比赛""课件制作大赛"等实践活动，鼓励师范生参加"特岗支教""三支一扶"等活动，既可以提高一般工作能力，还可以锻炼教育教学能力。在师范生中树立榜样人物，如行业内具有高尚师德的代表，利用榜样的作用，潜移默化地同化师范生。

　　制订严格的师范生培养质量评价制度，根据培养目标，分别从理论学习、能力形成（实践能力和教育教学能力）、日常行为表现等方面进行评价，制作师范生的成长手册，随时记录自己的学习状态，做到评价有依据、有标准，有效地监控师范生的学习效果，并将评价结果反馈给各个环节，改进下一步的师范生教育。

目 录

第一章　师范专业认证的理论研究

第一节　师范专业认证的背景及进程

自 20 世纪末教师教育体系开放以来，中小学教师专业化建设差强人意，教师教育饱受非议。而国外很多发达国家已经建立起行之有效的师范教育专业人才培养质量保障体系。在此背景下，我国也开始了师范专业认证的进程。

进入 21 世纪，各国政府都已充分认识到，教育质量的提高在相当大的程度上取决于教师的质量，亦在相当大的程度上取决于教师教育的质量，高质量的教师和教师教育是高质量的教育竞争、人才竞争、综合国力竞争的基础。

一、师范专业认证的背景

自 2001 年国务院提出完善师范院校为主体、其他高校共同参与的、开放的教师教育体系后，我国教师教育进入了转型变革最剧烈的时期：截止到 2007 年的数据，全国共有 245 所非师范高校培养本科师范生，占到本科师范生总数的 71.8%。据不完全统计，各地方师范院校非师范专业占学校全部专业比例已经达到 70%，在校生也已经超过 50%。有学者评述说，表面上教师学历合格率已经达到法定标准，但培养质量并不令人满意，甚至出现用人单位对师范生质量下降的判断。

在西方，许多国家采取"教师教育认证制度"和"教师资格或执照制度"这种外部质量保证手段来解决此冲突。教师教育认证制度是指独立的认证组织制定认证标准，依照规定的流程对教师教育教师教育机构或教师教育方案质量进行专业判断。在美国，全国教师教育认证委员会和教师教育认证委员会这两大全国性教师教育认证组织致力于通过专业认证来提升全美的教师教育质量，促进教师的专业发展。在英国，1994 年的《教育法案》规定，教育学院必须由教师培训机构认证，其提供的课程要求满足规定的标准。英国教师教育机构的专业认证制度直接与教师教育机构的存亡、与教师资格证书的发放联系在一起。

在我国师范教育质量受到质疑、师范专业和师范生数量锐减的情况下，我国教育部提出要启动师范专业认证，加强教师培养质量保障体系建设。

二、我国专业认证的开始

（一）工程专业认证

1989 年，由美国、英国、加拿大、爱尔兰、澳大利亚、新西兰 6 个国家的民间工程专业团体发起和签署了《华盛顿协议》。该协议主要针对国际上本科工程学历资格互认，旨在建立共同认可的工程教育认证体系，促进工程教育质量的共同提高。

2013 年 1 月底，中国科协正式向《华盛顿协议》秘书处提交了中国科协作为预备成员加入《华盛顿协议》的申请报告。按照《华盛顿协议》的要求，2016 年 1 月由来自新加坡、美国、爱尔兰的三位专家组成的考查小组，代表《华盛顿协议》秘书处实地考察了中国科协所属中国工程教育专业认证协会对北京交通大学和燕山大学共计四个专业的入校认证过程。

（二）临床医学专业认证

2008 年，教育部成立了"教育部医学教育认证专家委员会"和"教育部临床医学专业认证工作委员会"，并设立了工作委员会秘书处。参考了澳大利亚、英国、美国等国家的相关标准，研究拟定了《本科医学教育标准——临床医学专业（试行）》。2008 年，教育部、卫生部联合颁布了此标准，并将其作为我国临床医学专业认证的依据。

三、师范专业认证的进程

2014 年 12 月 23 日教育部决定在江苏、广西、河南 3 省开展师范类专业认证试点。

江苏率先开展认证，2015 年开展第一个试点认证：淮阴师范学院小学教育专业。第二批试点：南通大学学前教育专业（本科）、徐州幼儿师专学前教育专业（专科）、南京师范大学中学教育专业（理科）、盐城师范学院中学教育专业（文理科）。

2017 年 1 月 15 日上午，在中国教育学会"教师专业发展研究中心"成立大会上，教育部教师工作司司长王定华表示，将从 2017 年下半年启动对师范专业进行专业认证。

"全面推行教师统考后，师范专业不再直接拿到教师资格证，社会上有人担心这会淡化师范的专业性。针对这种顾虑，教育部教师工作司将从 2017 年开始对师范专业进行专业认证。"王定华表示，"专业认证一律由中央财政拨款，不收取被认证单位一分钱"。

2017 年 8 月 25 日，全国教师教育振兴暨教师队伍建设工作会议在吉林长春召开，会议强调，做强做优教师教育，要着力建设高水平的教师教育体系。以师范院校为主体、高水平综合大学共同参与，在基地建设、经费投入、院校评估、学科建设、师资队伍等方面加大对师范院校的支持力度，启动开展师范类专业认证，加强教师培养质量保障体系建设。

2017 年 10 月 26 日，教育部下发《普通高等学校师范类专业认证办法（暂行）》。

2018 年 1 月 25 日，教育部召开视频会议。陈宝生要求，各地各高校要将师范类专业认证作为突破口，重塑体系、落实保障、提高质量，推进教师教育振兴发展。普通高等学校师范类专业认证专家委员会正式成立，陈宝生为专家委员会委员现场颁发聘书。

2019 年 9 月，教育部办公厅发布《2019 年通过普通高等学校师范类专业认证的专业名单的通知》（以下简称《通知》）。根据《通知》，北京师范大学和华东师范大学两个专业通过第三级专业认证，34 个专业通过第二级专业认证。江苏、广西 2016—2017 年通过师范类专业认证试点的专业中，共 26 个专业通过第二级专业认证。认证结论有效期六年，自 2019 年 8 月起至 2025 年 7 月止。

师范生的培养质量关系着受教育者的成长质量，关系着中国未来的发展，对师范专业来说，既是办学水平的挑战，也是办学质量提升的机遇。

第二节　师范专业认证的生成性教学

从 20 世纪 90 年代开始，在高等教育大众化、综合化进程中，我国基础教育师资培养的格局发生了根本性的变化。一方面，大众化教育在满足中国经济发展，推进教育普及化、公平化的同时，也造成了优质生源短缺、教学质量下滑等诸多问题；另一方面，师范院校的综合化进程在推动学校社会影响力的同时，也带来了弱化师范专业的诸多弊端。相关资料显示，省属师范大学的师范生占全部在校生的比例不到 50%，个别重点师范大学师范生比例甚至下降到 10%。教育部为了提高师范生培养质量，优化师范类专业布局，健全师范教育质量保障体系，2014年 12 月发布了《教育部关于开展师范类专业认证试点工作的通知（教师司函〔2014〕98 号）》，决定在江苏、广西和河南等省（区）开展师范类专业认证试点工作。2015 年，江苏省教育厅根据教育部《师范类专业认证标准》和《师范类专业认证办法》相关规定印发的《江苏省师范类专业认证标准（试行）》，并尝试在南京师范大学、盐城师范学院、徐州幼儿师范高等专科学校展开师范类专业认证试点的探索工作。2016 年，广西壮族自治区遴选广西师范大学等 4 所院校中的 6 个师范类专业进行认证试点工作。在认证试点工作取得一定成效的基础上，2017 年 10 月 26 日，教育部印发了《普通高等学校师范类专业认证实施办法（暂行）》，标志着我国师范专业认证工作将在全国范围内正式拉开帷幕。师范专业认证理念对提高师范生培养质量尤其是课堂教学改革究竟有何触动和提升？这是在师范类专业认证工作全面推广之时必须认真思考的问题。

一、师范专业认证中的教学改革思想

不可否认，《普通高等学校师范类专业认证实施办法（暂行）》（以下简称《办法》）是为规范引导师范类专业建设，建立健全教师教育质量保障体系，不断提高教师培养质量而制定的。《办法》中指出："全面贯彻党的教育方针，落实立德树人根本任务，构建中国特色、世界水平的教师教育质量监测认证体系，分级分类开展师范类专业认证，以评促建、以评促改、以评促强，全面保障和提升师范类专业人才培养质量，为培养造就党和人民满意的高素质专业化创新型教师队伍提供有力支撑。"由此可见，师范类专业认证实施办法中确实蕴含着丰富的教学改革思想，下面将分别从其指导思想、认证理念和认证标准三个方面阐释分析。

（一）认证的指导思想与教学改革取向

从根本上说，《办法》是要解决我国师范教育所遇到的问题，尤其是"培养什么人、如何培养人、为谁培养人"的问题，这一根本问题的解决构成了认证的指导思想。从国家战略意义上说，师范类专业认证的指导思想是：一要"贯彻党的教育方针"，二要"落实立德树人根本任务"，从而"构建中国特色、世界水平的教师教育质量监测认证体系"。从此意义上说，高等院校师范类专业教学改革就要明确"如何培养人"的问题，即培养高素质的师范人才就要有坚定的政治方向、立德树人的信念和国际视野的胸怀。从专业发展的角度看，认证是师范类专业教学质量提升的重要保障，解决的是"为谁培养人"和"培养什么人"的问题，即培养"党和人民满意"和"高素质专业化创新型的教师"。创新人才培养应知行合一，教学为先，因为任何教育最终都是通过教学活动来实现的，教学不仅是教育实践的重要一环，更是创新教育的根本所在。师范类专业认证强调高素质专业化创新型教师的培养，势必要求在教学上有所改革、有所突破，才能适应社会发展的需求以及师范类专业认证的要求。

（二）认证理念与教学改革走向

在充分调研我国师范类专业现状以及未来发展需求的基础上，并结合国外师范认证的先进经验，《办法》确立了"学生中心、产出导向、持续改进"的认证理念。可以说，这一理念不仅把握住了教育改革发展的关键，而且为高等院校教学改革指明了方向。

第一，"学生中心"（Student-centered，SC）是指一切教学活动都围绕着学生而展开的一种教育理念。这种教育理念标志着从以"教"为中心的传统教学模式向以"学"为中心的现代教学模式的转变，强调遵循师范生成长成才规律，以师范生为中心配置教育资源、组织课程和实施教学，并将师范生和用人单位满意度作为师范类专业人才培养质量评价的重要依据。从某种意义上说，师范专业认证学生中心的理念将决定高等院校教学改革的基本走向。

第二，"产出导向"（Outcome-based Education，OBE）是指以师范生在受教育过程中的成果产出衡量教育教学质量的教育理念。或者说，这种理念关注师范生"学到了什么"和"能做什么"，强调以学习产出为标准，以学习效果为导向，对照师范生核心素养进行有针对性的人才培养。很显然，"产出导向"是一种表现性的评价活动。从认证的角度看，特别强调培养目标与毕业要求达成度的问题。从某种程度上说，师范专业认证的产出导向决定了教学改革要在成果产出的方向上用力。

第三，"持续改进"（Continuous Quality Improvement，CQI）是指以师范生核心能力素质培养为目标，对师范类专业教学进行全方位、全过程评价，并将评价结果应用于教学改进，形成"评价—反馈—改进"闭环，从而推动师范类专业人才培养质量的持续提升。很明显，"持续改进"是一种过程性的评价活动，决定着教学改革向着过程性、生成性的方向前进。

（三）认证标准与教学改革面向

根据我国高等教育的发展现状，师范类专业的认证一般都采用分级分类的标准。从分类的角度看，师范类专业主要有中学教育、小学教育、学前教育、职业教育、特殊教育等专业认证标准，不仅充分尊重教育的统一性和差异性，而且也给予教学充分的主动性与自由性。可以说，"统一体系与特色发展相结合"是我国师范类专业认证的基本特征。由此看来，师范类专业分类认证给予高等院校教学改革的最大启示，就是在统一的体系和框架内形成特色。从分级的角度看，师范类专业认证标准主要有三级。第一级是师范类专业办学基本要求监测，从而为师范类专业办学以及学校和社会提供质量信息服务；第二级是师范类专业教学质量合格标准认证，从而推动教师教育内涵式发展，确定师范类专业教学质量达到国家合格要求；第三级是师范类专业教学质量卓越标准认证，继而打造一流的师范教育，提升教师教育国际影响力和竞争力。就二级认证标准而言，主要包括"培养目标""毕业要求""课程与教学""合作与实践""师资队伍""支持条件""质量保障""学生发展"8个一级指标和30多个二级指标。二级认证标准主要体现在第三个一级指标，即"课程与教学"。"课程与教学"指标又分为"课程设置""课程结构""课程内容""课程实施""课程评价"等5个二级指标，其中"课程实施"对教学提出了具体要求，即《办法》所强调的"重视课堂教学在培养过程中的基础作用""能够恰当运用案例教学、探究教学、现场教学等方式，合理应用信息技术，提高师范生学习效果"。

综上所言，我国当下兴起的师范类专业认证对教学改革的启示主要包括以下三个方面：一是培养人民满意的高素质专业化创新型教师，其中"创新"是核心；二是要以学生为中心、产出为导向培养持续发展的教师，其中"过程"是保障；三是借助现代化信息技术，运用探究教学等方式提高师范生的学习效果，其中"探究"是关键。

二、生成性教学改革与师范类专业认证

生成性教学改革是在传统预设性教学思想严重束缚我国教育教学全面发展的基础上进行的，对教育教学观念更新、新时代人才培养、评价体系变革等方面起到了积极的推动作用。众所周知，生成性教学是基于生成性观念建构起来的一种现代教学思想和方法，与预设性观念不同，它不是本质化的，而是过程化的，强调一切事物都处于过程和关系之中，多元交流、平等对话、顺势创生是其基本特

性。在国外，美国维特罗克的《作为生成过程的学习》(1974)、琼斯和尼莫的《生成课程》(1994)对生成性教学思想的形成具有标志性的意义。维特罗克认为，学生有可能不理解教师讲解的语句，但他肯定能理解自己生成的语句。琼斯和尼莫在《生成课程》中也指出，"生成课程所形成的网络图知识只是一种过程性的指南或工具，并不一定就是最后的施工蓝图""不像其他属于物质世界的物质那样显现出某些固定的特征"。在国内，张广君教授在20世纪80年代就提倡生成性教学观念，他提出："教学系统是一种生成系统，它是在运动中存在、维持并不断生成、发展的。"进入90年代，著名教育家叶澜教授则极力主张"用动态生成的观念，重新全面地认识课堂教学，构建新的课堂教学观"。"经过三十年的改革，我国生成性教学在创新人才培养、幸福教育实施以及走向世界等方面取得了很多成就，但也出现了随意性、刻意性和假意性的生成缺陷。"这些缺陷既要从生成性教学内部反思，也需要从外部考虑。就外部因素而言，当前正在轰轰烈烈展开的师范专业认证为生成性教学改革提供了难得的契机，可以说，专业认证与生成性教学改革是相互促进、相通相融的关系。

第一，生成性教学改革对创新的追求需要通过专业认证得以推进与保证。不可否认，生成与创新具有天然的渊源关系，即生成本身就是创新的生成，创新本身就是生成的创新。何谓生成？在中国古人看来，"生者无极，成者有亏"。生成既是宇宙万物发生、发展的方式，又是一种创造、创新的过程。张立昌教授认为，创新是指一个过程，而不是指一种状态，它标志新事物的生成，而且新事物的生成以新因素的加入为前提条件。然而由于生成性教学改革对创新的追求本身就意味着要淘汰旧事物、创造新事物，这必然要面对旧的教育观念以及当下应试教育的重重束缚，生成性教学改革要走出瓶颈获得纵深式发展就需要借助于外力才能更好地推进。2017年，《办法》对"高素质专业化创新型教师"的认证把握住了中国教育改革发展的方向，确定了创新型教师的基本标准，这一标准"以教师专业标准和教师教育课程标准为引领，推动教师教育内涵式发展"。生成性教学改革创新的追求与专业认证对"课程与教学"的要求是一致的。

第二，生成性教学改革可以借助"学生中心，产出导向"的认证理念确立新型师生关系。从传统教学观念来看，师生之间是塑造与被塑造的关系，教师占绝对的主导地位，学生一般没有主体性，仅仅是被动的接受者。从生成性教学观念来看，师生之间不再是对立的关系，而是一种平等的合作关系。换句话说，生成性教学中的师生关系不是"我与它"的关系，而是"我与你"的新型关系。德国著名教育家布伯在《我与你》中就认为,"我—你"与"我—它"迥然不同,"它"是拼凑外在世界,"你"是创造关系世界。"凡称述'你'的人都不以事物为对象",因为"'你'无待无限"。在教学过程中,如果把学生视为被改造的"它"来看待,用外在的知识拼凑世界,即使学生在"外在"的经验上再添加上"内在"的经验,知识也只是外在于我的知识,而不是内在于心的知识。处于"我—它"关系之中的师生,不管运用什么先进的教学方法和教学手段,学生主体建构愉悦感也是不会存在的。与之相反,"我与你"的师生关系是平等合作的朋友关系,具有极强的诗意性和创造性,因而是无比幸福的。师范专业认证以学生中心使得传统的"它"变成了现代的"我",以产出为导向使传统的传授知识变成了创造知识。可以说,师范专业认证促进了生成性教学新型师生关系的建立。

第三,生成性教学改革对探究精神的培养可以借助于师范类专业认证加以保障和落实。不可否认,明确的教学目的对于有效性教学至关重要,但如果教学成为教学设计的"表演",教学也就失去鲜活性和创造性。因此,教学如果预设越严密,就越束缚创造性的发挥。在生成性教学过程中,由于学生不是被动的接受者,而是主动的建构者,期间充满着无限的可能性和创造性。与之相应,学习过程也就不再是被动的接受过程,而是充满着诸多可能性和挑战性的探究过程。生成性教学的生命力及其价值主要体现在它的探究性与创造性之上。需要指出的是,生成性教学自身在探究精神上有着极强的内在动力,但这并不意味着它不需要外在保障与推动。《中学教师培养专业认证标准》就特别注重师范生的主体参与和实践体验,采用案例教学、探究教学、现场教学等多种教学方式,培养师范生的实践能力、反思和研究能力。

从根本上说,师范类专业认证是运用内在保障与外部评价相结合的方法寻求师范专业统一体系与特色发展的新路径,以实现中国教育追赶乃至赶超世界水平的一种重要举措。由此看来,专业认证的目的并不是为了达到整体化一,而是为了实现整体跨越与局部特色的双赢。当然不可否认的是,专业认证在初期也存在着统一性与特色性、量化与质化之间的矛盾,但整体而言,在师范专业认证视域下进行生成性教学改革既有了目的因,也有了动力因。有理由相信,生成性教学会在师范专业认证的推进中逐渐成熟。

第三节　我国师范专业认证工作框架

专业认证是专业建设质量保障体系的重要环节，开展师范专业认证对于加速我国教师教育体制深度改革而言具有重大意义。2014 年，教育部教师工作司发布了《师范类专业认证标准（试行）》；2015 年，江苏省教育厅印发《师范类专业认证标准（试行）》，开始了师范专业认证的先行探索；2016 年，广西壮族自治区等省份先行加入探索行列，参照《师范类专业认证标准（试行）》在省域内开展尝试性认证；2017 年 10 月 26 日，教育部正式印发《普通高等学校师范类专业认证实施办法（暂行）》（以下简称《实施办法》），标志着我国师范专业认证工作正式启动。在美国，师范教育的主体形态是教师教育项目（Teacher Preparation Program，TPP），"师范专业认证"的内涵其实就是"教师培养项目认证"。借鉴美国认证经验，进一步完善我国师范专业认证框架，是助推我国师范专业内涵建设、内功历练的一条良策。

一、美国师范专业认证工作的内涵与系统

在美国，师范专业认证历史悠久、方式科学、经验成熟，认证已经成为美国师范专业建设质量控制、内涵建设、参与竞争、改进完善的关键点，其完善的专业认证体系已成为世界各国学习的典范。在此，笔者试图从认证内涵、认证类型、认证标准与认证原则等方面对予以分析。

（一）认证工作内涵

专业认证关涉多个社会因素与教育环节，勘定其内涵是师范专业认证工作健康推进的前提条件。在美国，专业认证的内涵是："通过达成某一预定标准，一个教育项目或机构被外部团体认可的过程。"或言之，它是"由适当机构正式认可某一学校或项目"的过程。简单地说，"认证 = 标准 + 证据 + 认可"，就是由设定标准、收集证据、达标判断等三个核心环节构成的一项社会化评估活动。可见，"专业认证"不同于"专业评估"：前者是某一机构或组织通过提供事实、证据表明其达到认证机构设定的认证标准，获得一定社会地位、社会荣誉、社会认可度的过程；后者则是评价机构按照一定的标准对某一机构或组织的运行状况进行评价，对其运转质量做出判断的过程。

在美国,专业认证的产生还有其特殊的社会原因:一方面,美国各州对教师培养项目具有最高行政管辖权。公私立大学举办的教师培养项目必须接受州一级教育行政部门的审定才能继续存在,并周期性地接受州教育行政部门的视导。这一活动被称为基本认证。另一方面,美国实行联邦制。联邦教育部对各州教师培养项目的行政影响力有限,美国期待以高质量教师培养项目的认证评价为抓手,引导各州教师教育事业协调发展,努力实现全美国范围内的高位均衡。这就为非政府组织参与师范专业建设质量评估工作创造了条件:大量非政府组织、师范专业相关专业协会自发组建专业认证组织,对那些自认为有实力、自愿参评的教师培养项目进行考察与审核,向社会发布专业评价结果,这就是高级认证。美国教师专业认证就由基本认证与高级认证构成。

美国师范专业认证活动的显著特征是认证机构的多样性,即师范专业认证机构既可以是州一级教育行政机构,也可以是由各方专业人士与专业建设利益相关者组建的民间评价机构,尤其是高级认证,其认证机构一般是在教师教育项目实施者、政府机构之外产生的第三方认证机构;认证过程的自愿性与专业性,即师范专业自愿参与专业认证活动,整个认证过程的三个重要环节是:"制定专业标准—收集专业建设证据—得出专业认证结论"。认证结果的权威性取决于认证过程中的专业性因素的多寡;认证结果的促进性,即师范专业认证结果产生社会影响的方式是赋予专业建设以社会生存权利,或社会认可度与美誉度,直接与项目后续发展息息相关。参与权威专业认证常常是师范专业举办者招徕优质生源、向社会展示自身综合实力、提高自身业内竞争力的重要途径。

(二)认证工作体系

美国师范专业认证工作的一个显著特征是:重视认证工作的层次性,关注认证对象的特殊性与类型差异。这也是确保专业认证工作纵深发展的内驱力所在。多层次、多层级认证工作体系建设是激发教师培养项目追求更高层级专业认证的内在动力;精准推进项目分类认证、特质认证是有力克服教师培养项目陷入同质化误区的一把利器。美国教师培养项目大致可以分为两类:一类是一般项目,一类是专门项目(Specialized Program Area,SPA)。在一般项目中还包括优胜教师培养项目(Winning Program),即2000年美国教育部遴选出来被授奖的19项获奖项目(National Awards Program for Effective Teacher Preparation)。各类项目都包括两个层次,即普通项目与高级项目(Advanced Programs)(高级项目认证),前者特指本科层次的教师培养项目,后者特指研究生层次的教师培养项目。可以说，分层分类推进专业认证是美国师范专业认证工作科学性的体现。

首先，是层次化专业认证体系。该体系主要包括国家获奖项目的认证，全国教师教育认证委员会（National Council for Accreditation of Teacher Education，NCATE）和教师教育认证委员会（Teacher Education Accreditation Council，TEAC）的认证，以及各州师范专业认证，如加州教师认证委员会（California Commission on Teacher Credentialing，CTC）的认证等。

其次，是分类型专业认证体系。该体系主要包括各门类师范专业认证，如一般教师培育项目之外的科学教师项目专业认证、艺术教师项目专业认证、特殊教育专业项目认证、学前教师项目专业认证等。

美国师范专业认证较好兼顾了层次性与类型性的认证思路，为各级各类教师培养项目实现各得其所、各显所长、梯次跃升的发展创造了条件。一方面，层级化的认证体系有利于每个教师培养项目不断完善、拾级而上，助推各项目培养质量的逐级提升；另一方面，类型化的认证体系有利于特殊教师培养项目的个性化发展，增强不同项目间的质性差异与区分度，不至于沦为普适认证标准的牺牲品。例如，在全国学前儿童教育委员会（National Association for the Education of Young Children，NAEYC）的认证标准研发中，认证机构非常重视凸显学前教师培养工作的特质，努力将之与小学教师培养工作区分开来。学者认为，学前教育是一个特殊领域，相对小学教学而言，它具有四个明显特点：多方协作性，即需要与下属员工，如志愿者、辅助者、助理教师等共事协作；家庭关联性，即须与儿童家庭密切配合才能完成；日常事务琐碎性，即需要对日常生活事务，如盥洗、上厕所、穿着、饮食等加以全程监管；社会关联性，即须与上级监管者，如领导、咨询委员会主任、社区协会等保持沟通等。再如，对上述特殊项目，即学前、科学与艺术教师培养项目认证中，认证机构的侧重点是不一样的：学前教师培养项目认证关注的是项目所培养出来的师范生能够"满足复杂教学专业的需要"；艺术教师培养项目认证关注的是项目必须确保为师范生"专业知识、专业技能、专业经验的扩充提供机会""帮助学生承担真实的专业责任"，科学教师培养项目关注的是确保项目培育出来的科学教师"具备相应的知识、技能和品性""拥有内容知识（本体知识）、设计技能和吸引学生的能力"。相比而言，美国大学教师培养项目的一般认证中关注的是：毕业生的一般学术能力、项目入学标准和"基于能力的教学手段"。总而言之，找准项目的类型差异，关注所有项目的共性特征，努力在共性与个性间找到平衡点，促使师范专业健康、持续发展，是美国师范专业认证的特征之一。

二、美国师范专业认证工作面临的问题

截至目前,尽管美国师范专业认证取得了辉煌的业绩,但认证工作同样面临着诸多矛盾与困惑,制约着师范专业认证工作的持续深入。其中,有些问题是所有师范专业认证工作遭遇的共同问题,有些问题是美国国家体制环境中师范专业认证工作面临的特殊问题。针对这些问题知难而进、奋力变革是美国师范专业认证工作的真实处境与现实出路,而如何避开或克服这些难题正是我国认证工作启动的着手点。

(一)认证机构与认证单位间的矛盾

在美国大学学术传统中,自主管理、学术自由始终是主调,在外来学术力量与行政力量面前保持相对独立的姿态是美国大学的风范。但在师范专业认证中,认证机构会坚持自身的学术标准、认证理念、工作原则,会用本机构专家委员会研发的专业标准去"框套"认证单位的风格化教师培养项目,这一举措必然招致认证单位的抵制与反对,他们会以"捍卫民主自由""反对标准化、同质化"等名义去抵制认证机构的认证。在此形势下,除接受各州基本认证外,自愿认证是美国师范专业认证的必然选择。正如学者所言,大学"由于采取自主管理与学术自由的传统,故认证机构必须接受教育机构倡导的培养目标"。此举必然会给专业认证机构的认证工作带来一系列麻烦,甚至可能迫使其降低或放弃自身专业标准,偏离原初的认证意图。由此,认证机构在实施中就无法将自己倡导的认证理念贯彻始终,他们只能在一些可量化的指标上,如"设施、员工、实施过程等方面刻薄地批评项目",这种情势中认证活动更容易偏离初衷、南辕北辙。

(二)认证标准设定高低的问题

在师范专业认证中,到底要不要预定认证标准,是一个令认证机构头痛的问题。一方面,认证机构强烈要求使用自研的专业标准去认证教师培养项目,主要出于两个原因:其一,"如果没有事先针对某一教师培养领域制定标准、设定类型,认证团队会发现认证过程难以向认证项目渗透一种优秀项目的理念,以此确证他们批评的合理性"。其二,在专业认证中必然遭遇利益冲突问题,针对特定是非问题,认证双方"都希望能参考一套清晰或权威的标准"来判定,据此得出肯定的认证结论。可见,标准的研发与使用直接关涉专业认证机构的核心利益与目标达成,不可轻易被取消。另一方面,如若保留认证标准,又会引发另外两个

问题：其一，认证标准设定过高或过低都不利于教师培养项目发展。如若设定过高，专业认证会"让相当一部分承担优质项目的认证单位丧失信心，以至于放弃申请，放弃自觉追求认证的愿望"；标准设定过低，教师培养项目会认为认证很容易通过，最终对整个认证工作不屑一顾，导致专业认证工作失效。其二，在与官方要求缠结在一起时，任何标准都可能异化为"最低标准"，导致"人们期待他们达到必需的最低标准"，以实现项目生存的要求。所以，"在全国范围内，标准的变动与缺乏严格管理标准成为认证工作的一个致命问题，直接影响着毕业生能力的提高"，而这一问题正是美国师范专业认证机构面临的最棘手问题之一。

（三）专业认证的操作技术问题

在具体实施中，美国师范专业认证工作始终面临着一些操作环节问题，这些问题长期困扰着美国专业认证工作的前进，大致包括三类。

其一，认证主体问题。在美国，所有教师培养项目都应该接受认证的呼声日益高涨，而由谁去实施认证、哪些人应该进入专业认证委员会则是一道操作性难题。所以，"允许谁作为代表去开展认证工作"，即师范专业认证委员会的合法性问题，正是长期困扰美国师范专业认证组织发展的关键问题。

其二，教师资格认证与专业认证间的对接问题。这一问题主要体现为：在认证考查中如何利用师范生的资格证考试通过率来鉴定教师培养项目的质量？如何将教师资格证认证与教师培养项目认证或专业认证关联起来？如果采取各州师范生资格证考试通过率来简单鉴定教师培养项目的有效性，这样做会不会出现简单化的专业认证倾向？等等。在美国许多州，教师资格证授予有赖于师范生参加的教师培养项目是否通过专业认证，但专业认证与教师资格证获得间的关联方式因时因地而异。例如，俄亥俄州，在 1991 年前该州师范生只要参加了一个通过认证的教师培养项目，并宣称自己没有犯罪记录，就可以获得教师资格证；而在1991 年后，师范生还必须再通过标准化的纸笔考试，证明其具有胜任教师所必需的一般知识、学科内容知识和教育学知识后才能获得教师资格证。因此，教师资格证与师范专业认证间的关联方式问题很值得研究。

其三，师范生专业实习认证的复杂性问题。相对专业知识技能考查而言，教育实习质量考查是师范生专业认证中的一个难点问题，主要涉及以下内容：中小学教师实习要求间的区分度如何体现？师范生实习的时间长度与实习地点应该如何规定？必须强迫师范生在临床性的实习学校中实习吗？专业认证如何与师范生毕业后的就业岗位表现相对接？实习不达标的师范生是否允许他们去进行"二次实习"？等等。这些都是美国师范专业认证中面临的具体问题。教育实习质量考查中，评价手段主要是表现性评价，直接与实习场景密切相关，评价中遇到的问题自然最多。

上述美国师范专业认证中面临的具体操作问题，亟待认证机构在综合多样化因素之后做出科学抉择，以确保专业认证工作的健康发展。

（四）专业认证与政治关涉的问题

在美国，师范专业认证看似是一个专门行业内部的问题，其实却是一个多方利益相关者牵涉的复杂问题。专业认证的实质是在美国既有教师培养体制内，在教师培养项目各方——实施者、大学、行业、州与国家之间寻求一个平衡点。正因如此，专业认证必然是一门"认证政治学"。在该因素的影响下，许多认证机构在师范专业认证中随时都可能由于政治施压而放弃专业标准，让认证过程沦为一场"口水战"，陷入利益博弈、利益交换的陷阱，最终可能偏离纯洁的原初认证意图。认证政治学在认证中的表现是明显的：其一，在各州强制认证与项目自我评价的关系处置上，各州不得不向大学教师培养机构妥协，被迫将"最低标准"或"确保项目教给学生必要的技能"作为基本的依据，导致这一结果的根源正是大学、学院与州教育行政当局间的非均势博弈。其二，运作较好的师范专业认证机构常常是专业权力、行政权力、专家权力密集的机构，常常是认证各方利益协调有力的机构，如 NCATE 组织，它是美国权威师范专业认证组织代表、国家与州的教育管理实权派与业内教学专家耦合而成的一个"权力中和机构"，它也无法保证将纯粹的专业理念在认证中贯彻始终。其三，在认证结论形成中，刻意地"找问题"成为专业认证中的一种不良倾向——"认证组织成员试图找出尖锐的当前问题，据此强调项目必须帮助学生克服这些问题"，其结果是"特定利益群体都被卷入这些问题"、专业认证陷入政治博弈的旋涡。

随着美国民主化进程的加速，民主政治已经渗入到所有行业、领域、公民生活的"毛细血管"中去，教师培养项目中的任何一点改革都可能被纳入政治考虑的范畴，专业认证问题的泛政治化倾向日益明显。对美国师范专业认证而言，泛政治化思维已日益成为项目认证中的一大壁垒，成为师范专业认证工作专业化进程中的一大阻力。

（五）专业认证的去留问题

在美国师范专业认证发展中始终存在两种声音，即主张认证与取消认证长期共存，成为推进专业认证工作改进完善的内在动力。

　　一方面，大批专业人士倡导专业认证，将之视为项目优化、利益均衡的有效手段。进言之，主张师范专业认证并设定教师培养项目最低认证标准有四个好处：一是能给项目实施者施加压力，提供指导，促使其提高项目质量，培养出合格教师；二是能给中小学校、用人单位提供可靠信息，为其选择、选聘师范专业毕业生提供重要参考；三是能有效遏制劣质教师培养项目恣意扩大规模，限制不合格教师进入教育行业；四是能为项目实施单位与大学提供一个实施其政治意图的最佳凭据，教师培养项目管理者可以用认证信息来向大学争取更多教育资源，大学可以利用认证信息来控制教师培养项目的发展。

　　另一方面，反对师范专业认证的声音一直不绝于耳，认为专业认证无法实现其理想意图，甚至会导致全国教师培养项目同质化的后果。具体来看，反对者要求取消专业认证的四点理由是：一是专业认证无法达成促使管理者与大学向项目投入金钱、人力与时间的目的，因为管理者还有其他具体选择，如撤销项目、更换项目主管等，导致项目运转更加困难；二是过分强调专业认证可能导致各项目的课程设置模式化、培养方式标准化，进而扼杀各项目个性化、创造性的发展，抑制项目改革的活力；三是在具体实施中"最低标准"容易异化为"最高标准"，尤其是项目一旦达标，其内在提升、持续改进的压力与动力都会消失；四是认证工作很可能导致"马太效应"与两极分化，致使未通过认证的项目在招生、招教师、资源投入等方面遭遇更大的困境，这些项目的竞争力可能会变得更加脆弱。

　　上述两种立场的长期存在与相互争执，导致师范专业认证始终生存在"去"与"留"的夹缝地带，美国短期内不可能就师范专业认证去留问题达成共识，真正强有力的专业认证思路无法在实践中落地生根。这一点非常值得我国决策者思考。换个角度来看，或许专业认证也只有置身于这一困境中才可能保证认证工作的客观性与发展性，尴尬的处境很可能就是美国师范专业认证持续发展的内驱力所在。

三、中国特色师范专业认证工作的框架展望与行动思路

　　专业认证是持续提高师范专业建设质量，引导我国师范院校教育改革，"加强师范专业色彩"，提升师范生培养质量的重要抓手。尤其是在大力推进政府机构"放、管、服"改革的新形势下，构建科学、专业、权威且具有较高公信力的师范专业认证体系意义深远，甚至事关我国教师教育体制深度综合改革的成败。显然，我国师范专业认证借鉴了美国的科学经验，但就《实施办法》来分析，当

前面临的挑战与问题不容小觑，改革与探索将成为后续认证工作的常态。

与美国相比，我国师范专业认证工作框架面临的主要问题是：认证理论研究滞后，几乎完全是借助师范专业建设经验来推进的；认证组织行政化，认证标准单一，主要由教育行政部门推进，民间参与不够；认证标准宏观、简单，缺乏技术性量具支持；认证范围有限，未扩展到研究生层次；等等。针对这些问题，笔者认为，现阶段我国师范专业认证工作改进的方向是：抓住认证焦点问题，参照美国经验，立足我国国情，从以下四方面入手积极推进具有中国特色的师范专业认证制度建设。

（一）加强师范专业认证理论研究，设定合乎国情的认证目标

师范专业认证的基本功能是：为师范专业建设指明发展指向，助推专业改革深化，落实教师专业标准，划定专业建设质量底线，引导师范专业有序竞争。这一基本职能将之与专业评价、专业督导、专业排名区别开来，使之成为各种师范专业管理手段的综合平衡点。显然，专业评价的重点是对师范专业发展情况做出一个质量判断，其结果不一定在行政部门的绩效管理中被适用或兑现；专业督导重在落实国家教育政策与法规，具有较强的行政色彩，重在提高政府教育政策法规的执行力；专业排名则强调突出评价结果的竞争性，在业界具有最强的社会化管理效力。与之相比，专业认证也是一种评价、一种督导、一种隐性排名，但其竞争性、效力性、政策性都相对较弱，其评价结果直接关联的是专业的存亡与改进问题，对专业建设更具有实质性意义。同时，在专业认证理论方面，我国缺乏美国"基于事实的认证""基于表现的认证""基于问题的认证"等方面的系统认证理论探究，导致在专业认证工作中的经验化、随意化倾向较为严重，不能用专业的眼光、科学的思维与社会学的立场来研究师范专业认证现象，故在实践中极易将师范专业认证工作带入简单化、单面化、机械化的歧途。就目前而言，我国必须加强对师范专业认证方面的基本理论研究，尤其要在认证目的、认证思想、认证组织、认证手段、认证结果呈现等方面加大研究力度，为科学开展师范专业认证实践提供认识导航。

同时，我国还必须关注本土化认证体系的探索，与美国相比，我国师范专业认证的环境与发展阶段有其特殊性。例如，我国缺乏长期开展师范专业认证研究的专家，缺乏胜任专业认证的专业组织，缺乏开展师范专业认证的经验，缺乏科学、规范、严谨的认证工作环境，缺乏强有力的第三方认证机构支持等。这就决定了在当前认证目标定位上还必须立足国情、关注实际，善于在国际标准、专

业标准与本土标准间寻求最佳平衡点。简言之，在认证目标制定上，我国应强调三点：其一是体现师范专业认证工作的特殊性与特殊功能。其二是体现我国师范专业认证的本土性与时代性要求。其三是坚持"洋为中用""中体西用"的原则，选择性吸收美国师范专业认证的理念与经验。

（二）建立多层次、多类型的认证组织，突破单一认证组织的局限

专业认证组织是承担师范专业认证工作的责任主体与操作主体，认证组织的组建与构成事关专业认证工作的生命力与合法性，理应成为我国组织好师范专业认证工作的一个节点。在后续认证工作中，我国必须强调此项认证的三个特性：其一，它是"师范类"认证而非"一般性"认证或其他专业门类的认证，故必须以履行师范专业的独特使命——培养优秀教师为基点来组织认证活动，必须按照教师行业的特点与要求来开展认证工作。其二，它是"专业认证"而非"行政认证"，故必须强调教育专家、教育行家等在认证组织中的权威性与地位。其三，它是"认证"而非"评价"，即一切评价工作都必须围绕"认证结论"，如"通过与否""如何改进能通过认证"等问题展开，以此为中心开展资料收集与专项论证活动。基于此分析，笔者认为，我国应该建立一批以教育专家、教育行家为主体，对师范专业内涵与发展要求有深刻理解，能够对一个师范专业建设水平是否达标做出权威判定且能承担起专业责任的认证组织。可以设想，由于我国师范专业具有多层次性、多类型性，与之相应，师范专业组织也应该具有多样性，而不能局限于教育行政部门组建的单一型专业认证组织。进言之，我国师范专业认证组织起码应由"两类三层次四领域"构成。从类别上看，大致包括民间组织类与行政组织类，前者特指独立于政府、师范大学之外的第三方认证组织，后者特指各级政府教育行政部门组建或委托专业机构组建的官方认证组织。从层次上看，主要包括三个层次：高职师范专业认证组织、本科师范专业认证组织与硕士师范专业认证组织，主要负责普通中小学教师类专业认证。从领域上看，应该包括幼儿教育专业认证组织、特殊教育专业认证组织、普通教育专业认证组织、职业教育专业认证组织等。这些认证组织间可能会发生相互交叉、功能重合、职能冲突的情况，为预防此类现象发生，教育部应该依托教育部高等教育教学评估中心，成立"师范专业认证指导工作委员会"，制定专业认证组织设立与运行规则，全面协调各认证组织间的关系，从而构建出我国别具特色、有序运作、专业整合的师范专业认证组织体系。

（三）重视认证指标研究，加大认证工具开发力度

认证指标体系是开展师范专业认证的工具与标尺，是决定认证工作科学性与专业性的根本依托。纵观美国师范专业认证发展历程，专业标准的更新、升级与优选始终是其主线，构建科学的专业认证指标体系是认证组织绞尽脑汁思考的对象。综上所述，美国师范专业认证标准关注的三个焦点内容是：专业知识，包括学科知识与教学法知识；专业技能，强调学生的实习实践表现与实习班级学生成绩；专业教学设施，包括软件设施与硬件设施，即教师质量与实验实训设施。这三大内容之间密切关联：专业知识水平决定了师范生的潜在教育教学素养，在一定程度上可以预见师范生的未来专业发展；专业技能水平决定了师范生的当下专业表现，是师范生综合运用专业知识应对教育教学实践环境的结果；专业教学设施质量决定了师范生专业成长的可能性，因为只有在优秀教师与优质设施合力组建的教育环境中，师范生的专业品性才可能被激发、被培育。所以，沿着上述三个板块来具体设计我国师范专业认证的一级指标具有一定的合理性。

在二级认证指标研发中，我国必须关注指标设计与学科间的全面融合与深度融合。在美国，师范专业认证工作非常强调指标设计与具体学科内容、学科实践间的高度契合性，尽可能回避"通用标准"现象发生。如美国科学教师专业认证指标中有三个亮点值得效法：关注科学知识，如掌握科学的前沿概念与正确概念，掌握丰富的科学知识；关注科学实践，要求将科学学习生活化，如要求学生理解科学的认识方式与非科学的认识方式，会从科学经验中建构意义，会开展科学实践活动；关注科学社会学，要求学生能从利益相关者角度来思考科学问题。从这三点来看，美国科学教育领域的师范专业认证囊括了全面的科学内容，认证指标体系设计中追求的是学科性、实践性与人文性的三位一体。为此，在当前师范专业认证中，我国也应该将学科融合性视为指标体系设计的重要目标来对待。

同时，加大认证工具研发也是提高我国师范专业认证科学性的出路。在美国认证中，测试题、观察表、评价表、学科内容分析表等都是有效的信息收集与处理工具。面向未来，除引进先进评价工具外，我国还应该加大对文本内容分析工具、教学档案分析工具、师范生专业素养测量表、教学表现视频分析软件等评价工具的研发，力争开发出一系列更有效、更客观、更准确的评价工具与技术，使之成为辅助师范专业认证的利器，确保专业认证工作走上"专家评审＋客观测量"的路子上来，着力提高专业认证工作的权威性、科学性与可信度。

（四）鼓励民间专业组织参与认证，构建竞争性专业认证格局

美国师范专业认证的重要经验之一是在民间组织、民间力量的参与中构建了三类认证机构：

一类是依托州教育行政部门设立的师范专业认证机构，如加州教师认证委员会（CTC），其职能是对州管辖范围内的所有教师培养项目进行基本认证、底线性认证，具有较强的行政性、强制性，能够确保教师培养的基本质量。

一类是依托专业团体或大学教育学院建立的民间专业认证组织，如 TEAC 委员会，其最大优点是：认证动机出自纯粹的事业心与专业化追求，能够对师范专业建设情况做出一个相对客观公正的评价；主要承担引导性、较高层级的教师教育项目认证，认证结果重在引领项目高端化发展，为项目提供发展性建议；灵活性、自主性较强，平行机构间的竞争性始终存在，能够防止认证工作走向僵化。

一类是民间力量、社会力量与行政力量混合设计的师范专业认证机构，如NCATE 组织，其优点是：在全国具有最高的权威性与代表性，采取"民间组织吸收官方人员参与"的模式运转，能够有效整合各种专业认证利益相关者，同时达成了专业要求、国家管理、市场期待等三方要求；组织身处体制之外又有体制内官员的参与，使各种认证力量在认证组织内实现了有效整合与最大化利用。正是如此，NCATE 在美国师范专业认证中发挥着日益重要的作用，其权威性与社会声望日益飙升。

就我国而言，民间性师范专业认证机构匮乏是整个认证工作的最大短板。鉴于此，我国当前必须加大对民间认证组织的培育、扶持，尽可能号召教师教育领域内的专业机构、专家领袖、名优师范大学等组建民间师范专业认证机构，支持其按照一定的章程独立自主地开展认证工作，发布认证结果，供各级教育行政部门有选择地参考使用。在现阶段，国家可以通过项目立项、保障基本办公经费、提供入校采集数据便利、定期表彰奖励、开展认证资质评级、引导民间资金进入认证行业、规范认证服务收费等方式刺激多家民间师范专业认证组织设立，使之在相互竞争中提高社会化生存能力，提升认证服务的专业性与科学性，逐步发展成为国家推进师范专业管理的得力助手。

同时，教育行政部门还应该引导民间师范专业认证机构的发展方向，鼓励其开展基于高端教师教育理念的认证，提升认证的专业水平，稳定自己的专家团队，加强认证组织建设，强化认证的智囊功能，提高认证过程的公平性与透明度，与教育行政部门相关管理者进行有限合作，逐渐将之培育为区域内或全

国范围内更具影响力的专业认证组织，进而在我国师范专业转型升级中发挥重要导向功能。

第四节　"国考"背景下师范专业认证

随着我国教师资格证的改革，教师资格考试制度逐渐由"省考"变为"国考"，师范生和非师范生都必须参加全国统一考试，通过后才可取得相应的教师资格证。"国考"成为筛选优秀教师、培养优秀教师队伍的有效方式。由此增加了教师资格的社会公信力，提升了教师的专业化水平，增加了教师资格证书的含金量，使教师资格证成为提高教师社会地位、薪资水平的重要依据。为推动落实教师资格"国考"制度，2017 年教育部发布了《普通高等学校师范类专业认证实施办法（暂行）》（以下简称《办法》）。《办法》规定："师范类专业实行三级监测认证。通过第二级认证专业的师范毕业生，可由高校自行组织中小学教师资格考试面试工作。通过第三级认证专业的师范毕业生，可由高校自行组织中小学教师资格考试笔试和面试工作。""国考"与师范专业认证的初衷都是为了提高我国教师的整体素质和质量，有着较强的针对性，但二者之间的硬性联系也造成了一些问题。比如师范生从教意愿降低，不少师范生认为这是一件不公平的事情；对于学校而言，师范专业认证将获取教师资格证的压力从学生转移到学校，增加了学校的负担。因此，厘清二者的关系，促进二者动态相融是更好地推进"国考"和师范专业认证制度的必然措施。本节拟通过对实施师范专业认证的优势与问题进行分析，并在此基础上提出具体的应对策略，以为相关决策提供参考。

一、"国考"背景下实施师范专业认证的优势

专业认证是专业成熟度的主要标志之一。教育部高教司司长吴岩表示："质量为王，标准先行。专业是高等学校人才培养的基本单元，有了标准才能加强引导、加强监管、加强问责。"师范专业认证以学生为中心、关注学生的实践素养和理论知识储备，并且它与"国考"的笔试和面试紧紧挂钩，它可以在"国考"的基础上提升学校培养质量，同时督促培养单位不断改革，完善自身，所以在"国考"背景下实施师范专业认证具有突出优势和可行性。

（一）理念贴合：以生为本，实践导向

"国考"面向的是学生个人，关注学生自身的专业素养和知识储备是否达到要求。而师范专业认证关注的是某个学校的某部分学生，它不再是个体，而是整体，这就要求师范专业认证要更精准地测量专业内部每个学生是否都达到了"国考"的要求。从入学到毕业，再到走向工作单位的整个过程中，师范专业认证标准始终体现以学生为中心的理念，它的最终目标就是保障师范生的培养质量符合社会的需求。同时，师范专业认证不仅考察优秀毕业生的数量及占比，而且更加关注全体学生的能力发展水平和培养目标的达成度。这就与"国考"的初衷和理念相贴合，也为培养单位提供了导向，需要培养单位着眼于全体学生的全面发展，即全体学生是否都达到了培养的要求，在培养过程中是否满足了全体师范生的需要、是否每个学生都达到了"国考"的标准和要求。

此外，在教师准入考试中，实行多样化的考试方式，以全面地考察未来教师的真实水平和素质状况为重要前提。"国考"在内容上注重对教学实践的考察，但由于其本身的限制导致形式上对教学操作能力关注较少，缺少对学生实践能力的考察。在此基础上，师范专业认证立足"国考"，弥合"国考"不足，关注学生的教学实践。在师范专业认证标准中，师范生的实习与见习时间、实践的设施保障、实习指导教师的条件等都有明确的规定，严格保障师范生参与教学实践的系统性和全面性。所以将"国考"对接师范专业认证，贯彻以学生为中心的认证理念，能够使师范生的培养过程更具科学性，更关注学生的培养效果和整体的素养能力，减少了拥有教师资格证却不知道如何教学的现象。

（二）过程互扣：层级认证，以评促改

师范专业实行三级监测认证，"国考"实行笔试和面试，师范专业认证的第一级定位于师范类专业办学基本要求监测，对于各级各类师范专业进行动态监测，为学校出具监测质量报告。第二级定位于师范类专业教学质量合格标准认证，建立持续改进机制，推动师范专业培养质量达到国家合格标准要求，通过后自行组织笔试；第三级定位于师范类专业教学质量卓越标准认证，超越教师教育国际水平，建立卓越一流的质量标杆，通过后自行组织笔试和面试。在第二级和第三级认证中，教育评估中心组建专家组对高校的培养情况进行评判，并提供认证报告。高校根据认证报告在有效期内进行针对性的整改，进而使高校存在的问题得到解决，形成"评估—报告—整改"螺旋式上升的闭环，推动培养单位持续改进质量保障制度。而且第二级和第三级实行自愿申请认证，均与教师资格证挂钩，

学校通过认证的等级越高，其师范生参加教师资格证考试的环节就越少，就越能够吸引生源。同时三级认证的目标层层递进，参与认证的等级越高，证明高校的实力越强，公众的认可度也会随之提升。因此，这种动态监测认证会激励高校不断改革，参与更高级的认证，获取更高的认可度。

（三）目的一致：聚焦质量，服务学校

在师范和非师范专业的学生都只有参加"国考"才能获得教师资格证的背景下，师范专业认证成为衡量优质培养单位的标尺。首先，作为教学"准入证"的教师资格证代表教师已经具备从教相关的知识和能力，但知识的多少和能力的高低并没有准确的标尺。同样的，某些高校培养出的师范生的具体情况也处于模糊状态。通过专业认证，高校培养师范生的质量得到准确的报告，高校可根据认证结果改变自身的培养模式和方法，从而提高培养质量，增强了教师资格证的公信力和科学性。随着师范生质量的提高，中小学的教学水平也会相应提高。其次，教师资格证对于不同层级、不同类别的教师确定了不同的目标和要求，这些目标和要求与中小学校所需要的教师标准挂钩。同样的，在《办法》中，师范专业认证也确定了学前、小学、中学、职业等不同层级和类别教师的合格标准，在这些合格标准中，对培养目标、毕业要求、课程与教学、合作与实践等方面都有规定，而且这些方面都直指中小学校，相比教师资格证来说，这些合格标准涵盖的范围更广泛、更全面。由此可见，教师资格证和师范专业认证的目的都着落于教师质量，二者的结合在一定程度上能够提升我国中小学校的教学质量。

二、"国考"背景下实施师范认证的困难

实行师范专业三级认证后，"国考"与师范专业认证之间建立了较为紧密的互通关系，使得专业认证有了强劲的动力，也使得持有教师资格证的师范生的教学实践能力得到了一定的提高。但是由于我国教师资格证"国考"制度仍存在改革的空间，所以在"国考"背景下实施师范认证仍引发了一些问题。

（一）"国考"与师范认证的对接错位

在发达国家的教师专业化进程中，通过认证的专业具有质量的证明，而个体接受通过认证的专业的教育并获得毕业证书，则是其知识、能力达到执业资格要求的证明，从而建立了执业资格证书与专业认证的相互联系。但在我国的教师培养体系中，"国考"和师范认证的关系并不是"地基＋高楼"，而是替代性关系。国外的师范生在通过专业认证的培养单位进行学习后可以获得教师资格证，但在

我国参加"国考"获取教师资格证的难度比通过师范认证获取教师资格证的难度低，削弱了师范专业认证对于高校培养质量的监测作用。

"国考"作为获取教师资格证的一项制度，它在具体的实施当中逐渐演变成一项单纯的考试，"国考"的笔试部分基本为记忆背诵内容，面试环节的10—20分钟也可通过培训班的短时集训通过。它对于教师真实的道德信念、职业素养、任教能力等方面的考核均存在空白。这就相当于降低了获取教师资格证的难度，使得教师资格证的价值随之降低。与之不同的是师范专业认证促使高校不断提升其育人功能和培养质量，对于教师各方面的素养考核都有涉及。但是高校师范生要获得教师资格证必须修完所有相关课程，达到一定的学分要求，且需要参加实习、建立实习档案，这个难度相对来说比较高。因此，"国考"与师范专业认证的实践过程和获取教师资格证的难度存在不匹配的现象。另外，现实中关于二者的对接还存在很多细节问题，如师范专业认证中特殊群体师范生获取资格证、非师范生获取教师资格证等细节问题仍存在盲区。

（二）师范专业优势式微

师范专业认证对于教师专业发展、教师队伍的专业化具有强大的促进作用。在"国考"背景下进行师范专业认证却默认了某个伪命题：没有通过师范专业认证院校的学生没有直接获得教师资格证的资质，而通过专业认证的院校的所有学生都具备直接获得教师资格证的资质，这否认了师范生的群体差异性。师范生接受4年的教育理论与实践的培训与熏陶后，如果其所在的培养单位没有通过师范专业认证，便不能直接认定教师资格证，须同非师范生一起参加考试。而非师范生不需要接受理论与实践的培训，更不管其培养单位是否通过专业认证，他们就可以在没有师范教育背景的情况下参加全国统一考试获取教师资格证，这对于师范生来说是不公平的。

同时，这也会导致另外一个矛盾：教师资格证"国考"的实行使教师的准入得到一定的限制，促进了教师队伍的专业化，但没有接受过师范教育的毕业生通过"国考"获得教师资格证只是具备了考试技能，而不具备任教能力，这又在一定程度上阻碍了教师队伍的专业化，也在一定程度上否定了师范生所接受的4年师范教育，加大了师范生的心理落差。实际上，在"国考"背景下实施师范专业认证还会在一定程度上引起办学年限短、办学水平低的师范院校学生的抵触，触发他们对于所学专业、所在学校的不满情绪，长此以往，高校师范专业的招生和学习氛围必定受到影响。

（三）师范院校参与认证的积极性低

一方面，伴随着日益灵活开放的教师教育体系，综合性大学成为培养教师的重要基地之一，师范专业认证对于综合性大学的师范专业以及独立师范院校的培养质量都可以起到监测和促进作用。但教师资格证的统考已经使师范院校的优势降低，加之综合性大学增加新的师范专业，招生人数增多，得到的资源更加丰富，而独立师范院校则面临招生人数日益减少的困难，这在某些方面增加了独立师范院校的生存压力，影响其参与专业认证的积极性。另一方面，教师工作司负责人曾在接受媒体采访时表示：在对师范专业认证时，认证优良的可以颁发教师资格证；认证一般的，毕业生要参加教师资格考试；认证较差的将取消举办师范专业的资格。虽然师范专业认证的初衷是以评促建、以评促改，但它仍然存在优胜劣汰的筛选制度，办学历史短、规模小、培养质量低的师范院校不仅要面临生源减少的危险，而且要面临倒闭的危机。所以，一些师范院校不敢轻易参与认证，甚至对于师范专业认证避而远之，他们害怕参与师范专业认证得到的结果使原本不占优势的专业雪上加霜，或者部分师范院校不惜耗费大量人力和物力为了认证而去认证，甚至弄虚作假，只做表面功夫，违背了师范专业认证的初衷。

三、"国考"背景下实施师范专业认证的路径

"国考"倾向于对教师个体的任教能力和水平的评定，而师范认证侧重于教师整体水平的提升和发展，这导致两者间出现了一些矛盾。"国考"和师范认证作为教师准入的两大制度，当"国考"的推行力度大于师范认证的推行力度时，职前教师的培养质量会因为"国考"的形式而大打折扣，师范认证则形同虚设；当师范认证的力度大于"国考"的力度时，整个师资培养的模式会受到较大冲击。因此，如何在二者之间保持合适的张力成为处理二者矛盾的关键。

（一）厘清二者之间的对接盲区

在《办法》中，通过专业认证的院校毕业生即可拿到教师资格证，不通过的院校毕业生则须自己考取。这种做法没有考虑到美术生、体育生、特殊教育师范生等一些特殊群体的师范毕业生，并在是否发放教师资格证的问题上较为极端。在这种背景下，通过师范认证的院校毕业生没有危机感，没有通过认证的院校毕业生仅把考试作为最终目的，对学业内的课程失去了学习的动力，因此须建立教师资格证与师范专业认证之间的弹性联系，重拾特殊群体的师范毕业生与一般师范毕业生的信心与动力。

对于特殊群体的师范毕业生，应适当放宽获得教师资格证的标准，依据成绩保证 90% 的特殊群体师范毕业生获得教师资格证，通过师范认证的院校毕业生实行 5 年重新注册考核，对于未通过师范专业认证的院校毕业生实行 3 年重新注册考核，重新注册考核可依据"国考"笔试和面试标准进行，剩余 10% 的毕业生须自行参加"国考"。对于一般性质的师范生同样实行比例制获取教师资格证。通过师范专业认证的院校 90% 的毕业生可获得教师资格证给定环节的免试权利，实行 5 年定期注册制度；有条件通过师范专业认证的院校 70% 的毕业生可获得教师资格证给定环节的免试权利，实行 3 年定期注册制度；未通过认证的院校 20% 的毕业生可获得教师资格证免试权利，实行 1 年定期注册制度。这些比例均按照师范生的学业成绩、实习成绩、综合表现的总排名决定，排名靠后的师范生须自己参加"国考"获取教师资格证。这既激励了培养单位有不断进行改进的信心，也极大地触发了师范生在校努力学习的兴趣和动力。

（二）渐进性地实行师范认证

师范专业认证的第一级属于强制性的、"摸底"性的认证，第二级和第三级属于自愿申请认证，属于较高级的认证。由于存在优胜劣汰的机制，所以某些办学实力不强的学校不敢进行第二级、第三级的认证。实际上往往是这些学校存在培养质量低、教学模式老化的问题。如今我国中小学教师培养的资源已经十分丰富，中小学教师本科化条件已经成熟。为了去除占用资源、培养质量不高的院校，教育部应加大通过认证的奖励力度，建立专业认证理念的文化，严格评估认证高校和机构的培养现状，最终实现由鼓励性认证向强制性认证转变。

为实现这一转变，这就需要在免除教师资格证考试外，增加其他的奖励措施。比如，落实教育部相关部门给予通过认证及有条件通过认证的高校和机构经费奖励和扶助，或者为这些高校和机构提供政策方面的支持，提升师范专业认证在教师教育培养过程中的影响力，同时实现认证过程的透明化、专业化、标准化。认定评估小组对于高校的实际状况如实公开；避免行政力量对于认证结果的非法操纵；一切数据以证据为依靠，本着以"学生为中心"的理念，以质量为最高标准，以期形成严明、公正的认证文化，吸引积极改革的高校参与认证，规范自身。在这种认证文化达成社会共识时，政府再逐步实行强制性认证，实行优胜劣汰机制，禁止未通过认证的高校招生，监督它们退出师范生培养的领域，由此促进教师教育质量的全面提高。

（三）培育权威的专业认证团队

培育权威的专业认证团队、提高师范专业认证的公信力是"国考"背景下实施师范专业认证的关键。权威的专业认证团队能够提高师范专业认证结果的准确性，不断提高师范专业认证的质量，从而真正实现认证结果服务于政策制定、资源配置、经费投入、用人单位招聘、高考志愿填报等方面的工作。此外，从国外师范专业认证的发展历程来看，非政府组织作为第三方专业机构参与师范专业认证盘活了各个认证行业组织间的竞争，以此得到的认证结果更具有公信力。当然，在我国现有的条件下，建立第三方的、非政府的认证团队不免有些困难，但我们可以通过不断增强现有专业认证团队的权威、加紧对认证团队的管理来逐步实现公众对师范专业认证的认可度。

在《办法》中，关于认证组织的实施中提到，"各省份依据实际建立相应的专家组织"，但对于专家的选择并没有具体统一的标准。因此，在成立专家团队时，各级政府部门应严格考评专家的水平和质量，严禁"门外汉""关系户"进入认证专家团队，保障专家团队的纯洁性和高水准。此外，还应加强对专业认证团队的管理。师范专业认证的作用是筛选掉培养质量差的院校，引领培养质量好的院校向更高层次发展。所以，地方教育行政部门对于师范专业认证要有破釜沉舟的勇气和决心，制定相应的纪律和规章制度，使团队专家明确意识到自己的责任和义务，避免专家团队对某些落后院校的"特殊保护"。最后实施认证结果的问责制度。如果高校或公众对于认证结果提出质疑，相关教育行政部门应组织专家进行复查，针对存在的不当行为进行查处，并对相关的专家进行严肃处理。通过培育权威的专业认证团队，公众对于师范专业认证的认可度也会随之提升，从而降低师范专业认证推行的难度。

（四）实行分层管理，给予高校发展的自主权

实行师范专业认证会使部分高校面临淘汰的局面，所以这些高校参与认证的积极性并不高，甚至对师范专业认证感到恐惧。但实际上认证并不是结果，而是以评促改、以评促建的起点，因此为避免形成某几所师范高校"一枝独秀"的现象，创造国内具有发展潜力的师范高校共同前进的局面，各级教育相关部门需要立足长远，给予高校发展的自主权，引领高校主动接受师范专业认证。

在第一级的认证中，建立师范专业的基本信息库，根据网上填报的数据，对各个师范院校及专业进行常态化监测。接着对认证结果进行分层：通过三级认证的院校属于优秀学校，通过二级认证的院校属于中等学校，有条件通过二级认证

的院校属于合格院校，未通过认证的院校属于不合格院校，连续 3 年不合格的院校可以停止其招生计划。各级相关教育行政部门要加大扶持和引领宣传的力度，鼓励不同层级的院校之间进行合作沟通，针对不同层次的高校下放不同的管理权、运营权，给予高校足够的整改空间，强化高校的责任意识，使高校意识到师范专业认证对于自身培养机制的促进作用，主动接受师范专业认证的检验，并自觉根据认证结果进行整改，进一步完善培养机制的不足。

　　综上，"国考"着眼于教师的准入门槛，"国考"制度的完善保证了教师的高起点，师范认证在于教师整体的专业化，由此处理好二者的关系就显得极为重要。值得注意的是，"国考"不是好教师的标准，师范认证也不是高校培养结果的定性判断，利用准入制度作为质量提升的抓手，通过认证带动准入标准的提高，建立"国考"与师范认证的动态联系才是培养造就党和人民满意的高素质、专业化、创新型教师队伍的有效措施。

第五节　高校师范专业认证省思

　　我国高校师范类专业认证始于 2016 年，淮阴师范学院小学教育专业作为国内第一个参加认证试点的专业，于 2016 年 11 月 1 日至 3 日接受并通过了认证专家的现场考察，形成了备受肯定的"淮师经验"。在总结第一轮认证试点经验的基础上，教育部在 2017 年 10 月正式颁发了《普通高等学校师范类专业认证实施办法（暂行）》，之后，教育部教师工作司和教育部高等教育教学评估中心又陆续出台了《普通高等学校师范类专业认证工作指南》等配套文件，并要求条件成熟的省市于 2018 年下半年开展第二轮师范专业认证试点工作。时至今日，经过两轮试点，全国范围的高校师范类专业二级认证即将全面铺开。

　　专业"是高等学校的基本组成要素，是高等学校的基本工作单位"。开展师范专业认证，是我国教师教育从外延扩张向内涵发展转型的重要显性标志，通过师范专业认证，可以促使高校师范专业回归人才培养本源，努力培养和造就高素质专业化创新型的中小学教师队伍。然而在我国，师范专业认证毕竟是新生事物，虽有国外相关经验可资借鉴，自身也进行了两年多的认证试点和经验总结，但仍存在一些困惑和疑虑。为此，我们要有敢于质疑、敢于批判的精神，唯有如此，才能未雨绸缪，直面困难，把师范专业认证工作做细做实，进而更好地达成培养

"四有"好教师的宏伟目标。

一、产出导向能否有效评价师范专业办学水平的高低

在《普通高等学校师范类专业认证实施办法（暂行）》中，师范类专业认证所秉持的基本理念可以浓缩为十二个字，即"学生中心、产出导向、持续改进"。这一基本理念贯穿师范类专业认证的全过程，成为师范专业认证工作的行动指针。

在十二字的认证基本理念中，"学生中心"无疑是总纲性要求，旨在强调专业建设要体现以生为本、关注学生，坚持把学生发展作为专业建设的出发点和归宿。"持续改进"体现了认证结果的使用方式，要求专业确立可持续建设、动态发展的理念，强调认证只是对专业建设阶段性成绩的评判，应摒弃"一评定终身"的传统观念。而"产出导向"，显然是认证由理念认识转化为实践操作的关键思路，这一理念决定了师范专业认证的基本路径和方法。以产出导向为思路，师范专业认证的 8 个一级指标 38 个二级指标（这是二级认证的指标构成，三级认证则由 8 个一级指标 41 个二级指标构成）形成了一个以师范生发展成效为导向，通过聚焦师范生毕业时学到什么和能做什么来反向设计课程体系、安排教学环节及配备师资队伍和资源条件，进而评价师范类专业人才培养质量的认证体系。

产出导向的师范专业认证设计，必然要求建立与之相应的产出导向的人才培养思路，这种基于产出导向的人才培养思路，有利于助推高校师范专业走出传统的经验型教学范式，较好地彰显人才培养的逻辑性、科学性和规范性。在产出导向的人才培养思路下，高校师范专业首先会基于地方基础教育对人才培养质量与规格的需求来设计和构建培养目标，之后把培养目标分解为具体的毕业要求，再根据毕业要求选择相应的课程，并在制定课程教学大纲时，充分考虑课程目标与毕业要求的对应关系、单元内容和课程目标之间的对应关系、教学方法与评价方式能否有效实现单元目标等。总之，基于产出导向的师范专业人才培养评价，考虑到了培养目标—毕业要求—课程目标—课程内容—教学方法—考核评价之间的内在逻辑关系，试图通过建立完整的证据链，最终可以较全面、客观地评价一个师范专业人才培养质量的高低，进而权衡该师范专业办学水平的好坏。然而，以笔者之见，从师范专业认证理论设计的先进性转化为实践层面的可操作性，至少还存在三处难点：

（一）产出导向的人才培养逻辑关系难以准确把握

层层推导的人才培养逻辑关系固然严谨，但对于高校师范专业的管理者和教师，尤其是人才培养方案、课程大纲的设计者来说，这种层层转换的关系虽然在理论上能加以认识，并形成理念共识，但从理念构想转化成实践操作时，却与其教师教育经验、综合分析判断能力有着极为密切的关系，并带有高校师范专业管理者和教师强烈的主观认知成分。同样，这种逻辑关系对于认证专家来说，也会存在思想认识相对容易而实践转换相对困难的问题。由此，在师范专业认证工作中，在判断人才培养环节的每一次转换是否合理、是否科学、是否充分时，不同主体可能会因立场不同、视角差异，而演变成各说各有理、难有统一定论的局面。

（二）产出导向的人才培养逻辑起点难以准确认知

基于产出导向理念，师范专业培养目标和毕业要求的设定，应建立在对用人单位等核心利益相关者广泛调研的基础上。然而，从高校师范专业以往人才培养方案制定或修订的经验看，较大范围的核心利益相关者意见征询均是必要环节，在每一次人才培养方案修订之前，高校通常会召开毕业生座谈会、用人单位座谈会等多种形式的意见征询活动，但最终收集到的意见要么大而化之，要么浅尝辄止，难有深度的、一语中的的建议。究其原因，以笔者之见，并非相互之间碍于人情和面子，导致利益相关者少提意见或提偏意见，其主要原因是多数参与意见征询的利益相关者并不熟悉高校人才培养的规律，更不大可能深入了解高校的专业人才培养文件并开展相关研究，因此其所谈的多为本人片段化的感性认识。由此可见，找寻师范专业人才培养的逻辑起点，从真正意义上全面、合理地把握区域基础教育对教师素养的特定规格和要求并不容易。

（三）产出导向设计与认证结论要求相背离

以产出导向设计师范专业认证，其基本出发点是强调人才培养的整体设计，要求人才培养应有主线和灵魂，由此借助于培养目标的统领，把毕业要求、课程与教学、合作与实践、师资队伍等各个要素都加以串联。总之，师范专业认证追求的是系统化的专业建设思路，注重对专业建设要素整体发展状况的考量，通过认证最终判定某个师范专业是通过、有条件通过还是不通过。但从实践操作看，这一认证理念在转换成实践操作时，却又采取"解剖麻雀"的方式，在一定程度上忽视了专业建设的整体性特征，即认证要求将认证标准分解为若干个一级指标和二级指标，要求专家根据指标评价出某一个专业得了多少个 A、多少个 B、多少个 C，并根据二级指标得 A、B、C 的数量情况，做出某一师范专业的认证结论。

二、认证标准是否适合高校师范专业的差异化发展现状

众所周知，现有的师范专业认证标准共分为三级，第一级定位于师范类专业办学基本要求监测，第二级定位于师范类专业教学质量合格标准认证，第三级定位于师范类专业教学质量卓越标准认证。换言之，现有的认证共有 3 把"尺子"用于检测高校师范专业的办学情况，从实际操作层面看，这种检测与评价方式仍存在一些有待解决的问题。

（一）"尺子"本身的问题

"尺子"本身的问题集中表现在一级认证标准中，为有效监测高校师范专业是否达到基本办学要求，一级认证标准是以数据指标的形式呈现的，其中较多涉及师资队伍和支持性条件的数据。为保证高校师范专业填报这些数据的准确性，在每一项数据指标后面都附有详细的说明，用以确保高校师范专业对数据内涵理解的一致性。然而，从现实情况看，这种建立在专业基础上的数据采集行为，是与高校现行的内部管理体制不相吻合的。

例如，专业的生师比状况是反映高校师范专业办学实力的重要指标。然而，专业的根本是课程的组合，从性质看，一个师范专业的课程通常有通识通修课程、学科专业课程、教师教育课程之分，而高校现有的教师多按照学科而非专业进行归属，由此很可能出现的情况是，某一个师范专业其通识通修课程的任课教师来自外语学院、马克思主义学院、体育学院等二级学院，学科专业课程的任课教师来自文学院、理学院等二级学院，而教师教育课程的任课教师则来自教师教育学院或者教育学院。如此一来，在本科教学审核性评估时，我们测量一所高校总体的生师比显得轻而易举，但师范专业认证要求下沉到专业层面进行生师比测算时，又显得十分困难。

又如，在支持性条件中，一级认证标准要求教学日常运行支出占生均拨款总额与学费收入之和的比例要大于或者等于 13%。然从高校现有的经费下拨制度来看，学校的经费下拨方式多以学院为基本单位进行下拨，并没有直接下拨到专业，即便有些高校的教学日常运行经费是以教师、学生为基数下拨的，但其所指的教学日常运行经费通常局限于教学耗材费、见习实习指导费、教学督导费、教学专家讲座费等费用，并不包括学校公共教学管理与运行经费、教学实验室建设等费用。

总之，就一级认证标准而言，由于没有观照到高等学校运行与管理的实际，

这把"尺子"看似刻度清晰，但实际上并不好把握，在具体测算时不同学校很难有一个统一的计算口径。

（二）同一把"尺子"的问题

鉴于我国教师教育存在本、专科等类型差异，且不同高校的师范专业发展状况也有所区别，因此，现有的高校师范专业认证标准已经在一定程度上贯彻了差异评价的理念，提出了分级分类开展师范类专业认证的思路，在标准上对本科与专科实行了差异化要求。但就整体而言，这把尺子仍难以适应我国高校师范专业纷繁复杂的状况，具体表现有二：

第一，同一层次同一师范专业标准的固化，忽视了同一专业内部差异化发展的事实。例如，从学制来看，本科有四年一贯制本科和三加二形式本科之分，修业年限的不同，必然会带来培养目标的差异与课程设置的不同，但这种差异并没有在师范专业认证标准中反映出来。又如，从人才培养情况来看，以小学教育专业为例，有全科培养、分科培养和多科培养等多种模式。之所以有不同模式，在于不同区域对小学教师的培养需求存在一定差异，诸如，江苏省的小学教师培养通常采用多科培养模式，要求学生毕业后能承担语文或者数学课程的教学工作，同时又能兼教综合实践活动、科学、社会与品德等课程。究其缘由，在于江苏各地在招录小学教师时，多直接规定招录的是小学语文教师还是小学数学教师。不同的培养模式，必然会影响到其课程设置的比例，全科培养模式的学科专业课程中必然会同时存在文学和数学类课程，通常学科专业课程的占比较高；而多科培养，其学科专业课程要么偏重于文学类课程，要么偏重于数学类课程，通常学科专业课程的占比较低。而现有的小学教育专业认证标准规定学科专业课程必须达到35%的要求，是基于全科培养思路所提出的，对于多科培养或者分科培养模式而言，则存在比较大的困难。

第二，同一认证标准难以兼顾不同生源、不同层次高校师范专业分类发展的要求。推动不同类型高校的分层分类发展，是我国高等教育走内涵发展之路的重要举措，教育部在2019年4月下发的《关于实施一流本科专业建设"双万计划"的通知》中，同样提出了要分"赛道"建设的原则，要求中央部门所属高校和地方高校分列，其基本思路就是促使不同类型的高校能在各自的赛道内跑出卓越和一流。现有的师范专业认证标准，则相对缺乏分类赛跑的考量。例如，在三级认证标准中，统一提出国际化的认证指标，强调学生的国际视野和教师的出国研修经历，没有充分考虑不同类型高校生源和人才培养定位的差异，以及由此导致的培养目标和师资队伍建设的差异。

三、专业认证是否会引发高校师范专业之间的恶性竞争

竞争，就词源而言，并非贬义。高校之间、不同高校师范专业之间的适度竞争，有利于推动我国教师教育事业的健康发展，这也符合师范类专业认证的基本理念。把认证作为高校师范专业建设的突破口，发挥"牵一发而动全身"的作用，借助于认证带动教师教育质量的全面提升，推动教师教育的全面振兴。然而，过度的竞争则会适得其反，对师范专业发展的正常生态产生不良影响。具体来说，由认证可能引发的恶性竞争有二：

（一）有关认证结果的竞争

对师范专业而言，好的专业认证结果具有直接利益。如前所述，专业认证的结果认定有三，对于某一个师范专业而言，认证的结果为不通过，必然面临着专业停招的问题，这对于该专业的发展来说无疑是毁灭性的。即便认证结果为通过，仍区分为有条件通过和通过，有条件通过的专业需要在规定时间内加以整改，而通过的专业可以自行组织师范生教师资格证考试的面试（通过三级认证可以自行组织笔试和面试）。更为重要的是，在社会公众看来，有条件通过和通过显然是两个认定等级，由此认证结果还可能会影响高校师范专业的办学声誉，进而影响学校的生源状况。

对师范专业而言，理想的专业认证结果还蕴含着巨大的间接利益。因为借助专业认证的优秀表现，通过认证的高校师范专业可以在一流专业、品牌专业、国家卓越教师计划项目等申报工作中占得先机，是否通过认证会成为专家评审的重要评价指标之一。

鉴于认证结果所带来的显性和隐性利益是如此巨大，因此，每一所师范生培养高校都会把争取直接通过认证作为参加认证的首要目标，这种对结果而非过程的过分看重，可能会在一定程度上促使高校师范专业采取急功近利的行为，把工作重点投放在认证材料的准备和包装上，而忽视师范专业发展长效机制的建设，这也就是说，在功利主义的驱使下，高校师范专业可能会由看谁做得好，变成看谁说的好。

（二）有关优质人才的竞争

教师"肩负着塑造灵魂、塑造生命、塑造人的时代重任，是教育发展的第一资源"。高校某一师范专业的兴衰，其根本在于该专业教师队伍的兴衰。因此，

高校师范专业建设的关键是教师队伍的建设，制约师范专业认证通过的瓶颈，仍旧是教师队伍的问题。

从现实情况看，高校师范专业的教师队伍建设，尤其是普通地方高校师范专业的教师队伍建设并非是一蹴而就的，甚至可以说很难在短时间内取得突破。究其原因，在于目前国内高校每年毕业的教育学类、心理学类优秀博士数量是相对稳定的，在这样的背景下，高校师范专业之间的人才竞争会呈明显加剧的趋势，甚至可能会出现高校之间相互挖墙脚的情况。最近，网络报道的有关南开大学一年四次招聘新教师的无奈之举，在一定程度上就是目前高校之间人才竞争态势的鲜明注脚。

总之，由师范专业认证而引发的教师教育人才竞争，既折射出高校师范专业对高端人才的重视，同时也可能造成不同高校师范专业教师队伍发展两极分化的现象。在激烈的人才竞争中，那些具有品牌优势、薪酬优势和地域优势的高校师范专业处于明显优势地位，而不具有上述优势的高校师范专业则处于相对劣势地位，由此可能会进一步加剧我国教师教育发展的区域不平衡性。

四、专业认证能否避免落入教育改革的逻辑陷阱

有学者认为，"师范专业认证应具备淘汰功能，应该成为当下优化师范专业培养布局的主要抓手"。对此，笔者完全持赞同意见，因为专业认证本就具有质量诊断与提升的作用。我国教师教育自21世纪初从封闭、独立向开放、多元转型以来，师范生的培养数量急剧增加，呈现出明显的供大于求格局。虽然省级教育行政部门均建立了新专业审批制度与新专业评估制度，但这些制度只关照了专业的入口关，而忽视了专业发展的过程管理和专业布局问题。因此，借助于师范专业认证的优胜劣汰功能，可以淘汰一部分发展势头不好、办学存在较大问题的师范专业，促进我国教师教育事业良性生态环境的形成，这也符合师范专业认证的基本初衷。

然而从现实情况看，在师范专业认证中是否会出现不通过现象呢，笔者认为，虽有可能，但可能性不大。因为专业认证作为教师教育改革的一项重大举措，在改革的推行过程中，必然会遭遇到方方面面的掣肘。在我国教育改革进程中，这种掣肘现象绝不是少数。以高等学校本科教学工作水平评估为例，有学者研究了2003年至2008年本科教学水平评估的情况，在这5年中，"全国有589所本科高校接受了评估，总休优秀率为71.9%，良好率为24.4%，合格率为3.7%，没有

不合格。其中优秀从第一年的47.6%上升到第五年的81.7%，合格率仅出现在前三年，后两年没有合格情况"。是不是我国高校的本科教学工作都这么好，水平都这么高呢？对此，我们可以用教育改革的制度逻辑理论来加以诠释，所谓教育改革的制度逻辑，即"教育改革中任一利益主体均存在两种立场：职责立场和自我利益立场，教育改革中每一利益主体所产生的具体行为，是其两种立场在博弈与妥协中综合权衡的产物"。在很多时候，教育改革的执行过程之所以会发生走样和变形，源于处于政策执行链低端的部分利益相关者出于获得更多自我利益的需要，而在部分利益相关者之间达成了一种制度化的非正式行为。

在师范专业认证中，也存在落入教育改革的制度逻辑的可能。对此，《普通高等学校师范类专业认证实施办法（暂行）》已经在一定程度上考虑到如何规避利益等非理性因素的干扰，以保证认证的公平公正性。例如，要求认证专家组一般由3~5人组成，其中，外省专家不少于1/3，业界专家不少于1/3。同时也规定了认证的纪律和监督，设立了师范类专业认证工作纪律监督平台，对认证过程违反相关规定的行为追求责任、严肃处理。

但是，这种制度设计是否就真正能确保公平公正呢，笔者认为仍旧很难。鉴于师范专业认证是关系高校师范专业生死存亡的大事，是关系高校师范专业未来可持续发展的大事，因此，作为被认证的高校师范专业仍会想方设法取得参与认证专家的支持和理解。费孝通先生所提出的差序格局理论告诉我们，借助于各种间接人际关系，认证者与被认证者之间原本的陌生人关系，终究会被熟人关系所取代。在此背景下，每一位认证专家均会在自我职责与自我利益的两难境遇中进行艰难选择，很多时候，碍于人情和面子，专家并不愿意真正"动刀子"，最终会在不明显违背相关政策设计的前提下，进行很大程度的变通和妥协。

在蹒跚中前行，在改革中发展，是我国教育改革的原生态写照。基于对我国师范专业认证现状及发展前景的分析，笔者有如下几点建议，以推动师范专业认证工作做细做实，进而更好地推动我国教师教育事业的改革和发展。

坚持专业认证科学性与经验性的融会贯通。专业认证是一项极具科学性的专业活动，现有的专业认证在标准的构建上极富逻辑性，但要保证专业认证在实施过程中能真正遵循科学设计的思路、能原汁原味地反映认证的本真意义，首先取决于师范专业的建设者及师范专业认证的专家能准确把握专业认证标准中的层层转换关系，并能理论联系实际，最终将其合理地与具体的专业建设行为关联起来。因此，加强对师范专业建设者、认证专家的大范围培训显得十分重要，并且在培训活动中，要避免简单地演绎认证的理论推导，而应该通过大量的事例举证，促使被培训者能举一反三，触类旁通。

专业认证不能仅仅强调其逻辑的科学性，在很多时候，传统的师范专业建设经验依然十分有效，这些经验比单纯找寻认证标准的逻辑起点更为有效。因此，师范专业认证需要一大批真正来自二级学院或者师范专业层面的专家，只有他们才最了解师范专业人才培养的规律，也最了解师范专业建设的短板和问题。由此，在遴选认证专家时，可考虑适当减少业界人士和高校校级管理人员的占比，较大幅度地提升来自高校师范专业建设一线专家的比例。

坚持专业认证精确性与模糊性的有机统一。要充分把握专业认证的精确性特征，这种精确性，主要体现在认证结论的精确性，即最终认证的结果是通过、有条件通过还是不通过，不能有含糊。认证专家同时还要拿出充分的证据和理由，以支撑和解释这一认证的结果，并使被认证专业心服口服。

在专业认证中还可以采取适当的模糊性策略。首先，保持少数认证标准的模糊性旨在遵循高校内部管理与办学的规律。对于很多无法下沉到专业的办学数据，可以进行相对宏观层面的测算，如可以通过核查学校的预决算情况，进而整体权衡学校教学日常经费的投入情况；可以整体测算学校所有师范专业的图书资料总数，借此了解学校相关师范专业的图书资料拥有情况；等等。其次，保持专业认证一定的模糊性旨在适应我国师范专业发展内在的差异化现状。鉴于我国师范生培养高校存在明显的层次之分，而师范专业内部在修业年限、培养规格上存在较大差异，因此在进行师范专业认证时，某些认证标准可以做一定的弹性化处理，不做一统化要求，这样能更好地照顾到师范专业发展的个别差异性。最后，认证主要是考查某一个师范专业有没有办学的灵魂、有没有明确的办学思路和主线，因此，在认证过程中，要适当模糊对具体某一个二级、三级指标的考查，不一定非要计算出某一个专业得了多少 ABC，然后又明确得了多少个 A 算通过，得了多少个 C 就不通过，而是要根据该专业的总体建设情况进行综合性的判断。

坚持专业认证的长效机制建设。《普通高等学校师范类专业认证实施办法（暂行）》明确了专业认证要建立持续改进的长效机制。以笔者理解，这种长效机制不仅要通过设定专业认证的有效期来彰显，还可以通过专业认证的稳步推进来实现。因此，专业认证不能一拥而上，不能轻易规定明确的时间节点，要允许条件不成熟的师范专业延后认证。

长效机制的建立还应通过避免过度使用专业认证的结果来实现，要尽量避免把专业认证和品牌专业、一流专业申请等直接挂钩。这样可以促使高校师范专业认识到，专业认证是一项常规性工作，应保持一颗平常的心态参与专业认证。

坚持"壮士断腕"的认证决心和意志。要使师范专业认证能发挥优胜劣汰的功能，真正淘汰一批产能落后、质量过差的师范专业，相关教育行政主管部门就应该有壮士断腕的决心和意志，不能有地方保护主义思想，不能自觉或不自觉地成为那些落后高校师范专业的"保护伞"。具体而言，做法有二：第一，加强认证专家的纪律要求，促使专家充分认识到自己的工作职责所在，能合理行使自己的权力，要敬畏自己手中的权力。第二，要组织专家加强对认证结果的复查，复查不能走形式，而是要真刀实枪地干，对于在复查中发现的有严重偏差的专业认证行为，不仅要相关专业重新参与认证工作，还应严肃处理参与认证的专家。

第二章　师范专业认证的实践研究

第一节　高校师范生教育实践的困境

百年大计，教育为本；教育大计，教师为本。我国近几年来持续推进教师教育改革，对教师教育提出了诸多的改革意见。特别是2017年的师范专业认证更是对师范类专业建设提出了明确的认证标准。标准中从协同育人、基地建设、实践教学、导师队伍和管理评价五个方面对师范生教育实践给出了指导意见和明确要求。这给高校师范生实践能力培养提供了明确的建设思路，为规范引导师范类专业建设，培养合格教育师资提供了指南。做好、做精师范生教育实践已经成为举办高校师范教育普遍面对的新任务。

一、师范生教育实践背景

我国专业认证近几年才逐步开始。师范专业认证2014年从江苏、河南和广西开展试点，到2017年正式下发文件才全面启动。而国外起步较早，在美国，专业认证的内涵是："通过达成某一预定标准，一个教育项目或机构被外部团体认可的过程。"美国师范专业认证经验相对成熟，已成世界各国学习的典范。而我国的师范类专业培养准入机制缺乏，难以满足广大人民群众"上好学"的需求和国家办人民满意教育的需要，教师教育饱受非议。尤其是师范生的教育实践依然存在不少问题，是高校人才培养的薄弱环节。为推进教师教育改革，国家陆续下发了《关于加强师范生教育实践的意见》（教师〔2016〕2号）、《普通高等学校师范类专业认证实施办法》（教师〔2017〕13号）、《关于全面深化新时代教师队伍建设改革的意见》（中发〔2018〕4号）《教师教育振兴计划（2018—2022年）》（教师〔2018〕2号）等文件。诸多文件体现了国家对教师教育的重视，特别是对师范生教育实践环节的重视。《普通高等学校师范类专业认证实施办法（暂行）》

对规范引导师范类专业建设，建立健全教师教育质量保障体系，不断提高教师培养质量提出了具体的实施意见。任何一个制度的实施，都需要在理论和实践中反复修改磨合和上下沟通实践，而不是依靠一批学者、一个文件就能解决的。师范专业认证也一样，需要时间的考验。认证对加强师范生教育实践有宏观要求，有细节指标，有定性要求，也有定量要求，而且对师范生培养提供了完整而又体系化、指标化的规范要求，文件下发后举办师范教育高校陆续围绕加强师范生教育实践开展了相应工作，但在执行过程中面临着不少的困境，如何做好师范专业教育实践已经成为一个新的课题。

二、师范生教育实践现状与困境

（一）协同育人体制机制存在壁垒

协同育人要求高校与地方教育行政部门和中学建立权责明晰、稳定协调、合作共赢的"三位一体"协同培养机制，形成教育培养、培训、研究和服务一体化的合作共同体。国内学者指出新的师范专业认证制度变革应在现行高等教育专业管理的整体制度框架中，努力协调各方利益相关者之间的关系，建立选择性的利益激励机制，并有效引导和管理社会公众的高等教育价值观。在管理体制上，这种"共同体"的建立有体制机制上的壁垒。中小学的管理一般归属教育局，市级、县级教育行政部门和高校又无行政上的隶属关系，合作关系松散、工作对接难度大；高校和中小学的合作深度不够，互动共赢局面难以形成，往往是高校向基础学校派驻实习生，实习学校因实习生到来，需要安排听课、讲课和班主任等工作，会对正常教学秩序造成干扰，还要为学生安排食宿等生活事宜，造成基础学校参与的积极性和热情不高。

（二）基地建设要求高，管理难度大

按照师范专业认证要求，实习生数与教育实践基地数比例要小于等于20：1。基地配备数量应该是所有毕业生还是集中实习生与基地数的比，按照该比例，如果某所学校每届有2000名师范毕业生，但实际集中实习人数为1000人左右，那么实习基地是建立50个还是100个？一所高校对接100个以上的实习基地，从人员配备、管理协调、组织规划、经费保障、实施跟踪等都需要大量的投入，这就造成了高校追求数量，忽视质量和管理。国内也有学者对"认证细则要综合考虑精简性、操作性、可行性和准确性"进行思考，这样的要求从可行性

和准确性上还需要进一步明确。高校建立实习基地一般需要一定时间周期的积累才能逐步搭建，如果仅追求数量，往往会忽略基地存在的实际意义。

（三）实践教学周期长，执行灵活度不够

认证要求教育实践时间累计不少于 18 周。学校集中组织教育实习，保证师范生上课时数。要求教育见习、教育实习、教育研习有机衔接。在实习形式上，大部分高校采用自主、顶岗、国培、集中等形式，不是所有学生都参加统一安排的教育实习。师范专业认证把考取研究生纳入从事教育工作，往往会造成学生以考研为主，忽视教育实习经历，参与实习积极性不高，特别是师范专业报考研究生比例往往很高，以南阳师范学院为例，师范生考研比例约为 70%。考研学生的实习落实难度就更大，有些甚至于流于形式。目前很多师范高校教育实习都安排在第七学期，实习时间和准备考研的时间相冲突，整个学期安排教育实习导致第七学期无法安排其他教学内容，加上第八学期毕业论文，整个大四一年时间学生无其他课程安排，大四一年的教育教学内容过于单一，课业负担过轻，培养质量相应下降。

（四）导师队伍管理松散，配套制度缺失

认证要求教育实践实施"双导师"制度，"双导师"数量充足，相对稳定。高校在教育实践中往往有指导不均衡，倾向于校内指导，校外指导不够充分，校外导师责权不够明晰。聘请一定数量的具有教学实践经验的基础教育一线教师作为学科课程与教学论的主讲教师，需要基层学校的鼎力配合，更需要地方教育主管部门的政策协调。一方面基础教育学校教师教学工作量大，没有政策上的硬性要求，很少有教师有精力到高校担任主讲教师。另一方面在经费保障上，对校外指导教师激励不够，高校对中小学教师的管理依赖于实习学校，中小学教师教学工作量和压力大，承担实习指导不能获得应有的承认，特别是在教师职称评审中没有硬性要求，导致学校对承担实习指导工作积极性不高，高校协调管理中小学实习指导教师难度大。

（五）管理评价涵盖内容多，考核程序复杂

认证要求对重点环节实施质量监控，实施教育实践评价与改进。教育实践相对复杂、形式多样。与理论教学相比，教育实践环节多样、教学内容复杂、影响因素众多，在评价目标、内容、标准上规范化难度大。如教育实践考核，教育实践涵盖见习、实习、研习三个主要环节，教育实习又有实习前的指导、实习后的

验收、班主任实习等环节，细分起来至少有五个环节需要考评，每个环节的考评一般都需要校内教师和实习基地教师共同参与。考核程序执行完整极为复杂，实施难度大，导致很多实习环节的考核流于形式。

三、师范生教育实践的展望和措施

（一）构建合作共赢长效机制

高校和基础教育的互动必须建立在合作共赢的长效机制基础上，互利共赢需要的不仅是优势的互补，也需要互相间的制衡。一方面省级教育主管部门应发挥统筹指导作用，在"三位一体"机构构建中明确不同角色的职责，强化政策引导，实施过程监管，提升高校和基础教育学校联动发展实效性。如在省级教育部门成立专门机构，统一负责师范生教育实践，协调高校、市县级教育机构和基础教育学校，确保各项教育实践工作顺利开展。另一方面要充分发挥教师职称评审的杠杆作用，调动基础教育学校参与高校教育实践积极性，如可以将基础教育教师指导实习生经历、参与高校基础教育研究课题等纳入职称评审要求，发挥职称评审的指挥棒作用。高校教法教师在职称评审中将指导实习生作为必备项，教法教师指导实习实施基础教育学校和高校共评机制，将基础教育学校对实习生的评价作为高校评定优秀实习指导教师的主要衡量标准。

（二）优化人才培养方案，丰富教育实践形式

推进教师教育改革，确保师范生教育实践工作扎实开展，破解师范生培养中考研、就业与实习矛盾的难题。目前师范生的培养和其他专业人才培养严重同质化，师范生的专业技能训练严重缺失。师范生的实践技能训练应该贯穿于人才培养的全过程，教育实践过度集中导致执行困难、效果差。可以将教育实习分为多个环节分学期进行，如将教育见习调整到第三学期进行，教育实习分为教育实习（一）、教育实习（二）和教育实习（三），将其分别安排在第四到第六学期进行，教育研习调整为第七学期进行。这样一方面避免了教育实践集中安排与考研、就业的冲突，另一方面分学期进行的教育实践可以贯穿于教学全程，效果更好。同时尽量丰富教育实践形式，鼓励采用顶岗支教、国培顶岗与集中安排相协调的教育实践形式。对基础素质过硬、教师教育技能突出的学生优先安排顶岗实习，一方面对基础教育学校师资配备形成必要补充，另一方面对实习生的锻炼更加有效。

（三）利用信息化手段提升教育实践评价有效性

传统教学管理的是课程与成绩，教育实践采用此种形式会缺少过程管理。需要研究开发适合教育实践的评价考核方法，对教育见习、微格训练、教学实习、班主任实习、教育研习等环节单独评价。评价中将校内指导教师成绩、校外指导教师成绩、实习学校学生评价等纳入成绩评定。这种复杂的评价考核方法必须有信息化手段作为支撑，否则容易流于形式，无法保证各个环节的扎实开展。现在市场上已经逐步出现了实习管理软件，如校友邦、习讯云等，通过软件可以实现一些基本的管理，但环节和考核内容需要进一步充实。

（四）以"双导师"制为抓手，强化校、地合作

实习基地建设能否做扎实，主要在于体制机制是否顺畅。单一地追求基地数量不是师范专业认证的目的。以100个教育实践基地为例，如果仅是协议基地，不能保证学生实习实效，是没有任何意义的。真正把基地工作做实，把教育实习工作扎实有效开展，单靠高校一方的管理从基地数量和人员配备上来说是极其困难的。以"双导师"制为抓手，聘用基地教师参与基地管理，每个基地至少明确一名"双导师"参与基地的管理，和高校指导教师形成双管齐下的双重管理。"双导师"工作扎实开展依赖于完善的体制机制，依赖于实实在在的工作内容。一方面高校和基础教育学校可以通过联合开展教育教学研究，发挥双方在各自领域的专长，形成改进基础教育和高等教育的优秀成果，让教研成果对双方教育教学形成有效促进。另一方面吸收中小学名师到高校讲授教法课，特别是对现代教育技术、教育学和心理学的实际应用情况，弥补高校重理论轻实践的短板。通过扎实的"双导师"制，利用项目带动，对校地合作落地提供保障。

（五）保障经费投入，确保经费支出

师范专业认证为保障师范生教育实践，明确要求师范生日常运行支出、教育实践经费要大于等于学校平均水平。教育实践经费主要涵盖教育实践基地建设经费、校内外实习指导教师经费、教师培训经费、实习生补贴等内容。高校经费支出往往用于本校各类经费支出，对实践基地、基地指导教师的经费支出往往因支出形式，支出项目等原因无法完全兑现。为改变我国师范院校对专业认证的消极被动态度，就必须给予高校充分的办学自主权。各级政府教育行政主管部门应将一些具体的教育管理、运营权限充分下放给高校，使高校拥有可以进行创造性活动的充分自主权和独立性。在财务管理上，需要形成高校回馈教育实践地的有效体制，确保基地付出的有效认可与激励。探索高校向实践基地指导教师直接发放

指导补贴、高校向基础教育学校发放管理补贴等灵活的账务制度。形成高校反哺基础教育学校，激发基础教育参与热情，对参与成效突出的基地和人员形成有效激励的共建共赢氛围。

本节通过对师范生教育实践的研究，从协同育人基地建设、实践教学、导师队伍和管理评价五个方面入手，进一步分析师范专业建设现状与困境，探讨了未来发展亟须解决的问题，对师范生教育实践工作进行了展望，并提出了相应的提升措施，目的是通过本研究破解师范生教育实践困境，为师范生教育实践工作落到实处提供可供参考的思路与方法。

第二节　高校师范专业认证的总体设计及实践

有好的教师，才有好的教育。为了保证教师的质量，世界上许多国家尤其是发达国家（或地区）为此设计了一系列保障制度，如教师资格认证制度、教师教育机构认证制度、教师教育课程认证制度，并开发了相应的标准体系，包括教师从业标准、校长任职标准、教师教育课程标准和教师教育机构认证标准等。这些举措表明，教师是一个专业化程度很高的职业，必须在特定的机构经过专门的培养与训练才能获得从业资格。换言之，也不是任何一个机构都可以从事教师教育工作，必须经过严格的认证程序，获得相应的资格并建立长效的跟踪监控机制。

近年来，随着我国教师教育开放化办学格局和高师院校综合化发展态势的日趋成型，教师教育专业资质问题被正式提上议事日程。2014年12月，教育部为规范和引导高校师范类专业建设，发布了《教育部关于开展师范类专业认证试点工作的通知（教师司函〔2014〕98号）》（以下简称《通知》），决定在江苏、河南和广西壮族自治区（区）开展师范类专业认证试点工作。重点完善师范类专业认证国家标准、研究制定师范类专业认证办法和探索师范类专业认证模式。广西教育厅为深入推进教育管办评分离，促进政府职能转变，将广西师范类专业认证试点工作委托给重庆市教育评估院具体组织实施。通过近一年的研究与实践，重庆市教育评估院根据《通知》的要求，结合广西实际，既全面完成了相关试点任务，同时也为该项工作在全国的推广总结了经验。

一、师范专业认证的内涵

我国现代意义上的教育评估起步比较晚，而专业认证更是最近几年的事情。从历程上看，专业认证是在以往评估的基础上，并借鉴欧美发达国家的经验而发展起来的，因此无论是理论还是实践都还处于初步探索阶段。何为"认证"或"专业认证"？可谓仁者见仁智者见智。这里不纠缠于概念本身的阐释，只择其权威表述为我所用。《现代汉语词典》的解释为："认证"是指"证明产品、技术成果等达到某种质量标准的合格评定。"《国际高等教育百科全书》认为，"认证"（accreditation）是一个由合法负责的机构或者协会对学校、学院、大学或者专业学习计划课程是否达到某既定资质和教育标准所进行的公共性认定，并促进这些机构和计划不断改进和提升质量的过程。专业认证则是由专门的职业或者行业协会会同本专业或领域的专家学者一起进行的，通过认证对达到或者超过既定的教育质量标准的专业予以认可，并协助这些专业发现发展过程中的不足，加以改革完善，以期不断提高教育质量。据此，师范专业认证是指由专门的机构（或行业协会）组织专业人员按照既定的标准对自愿接受认证的高校师范类专业进行核察、评估的过程，并在这个过程中帮助其发现问题、改进不足，从而实现专业办学质量的提升。通常包括五个阶段：申请阶段、自评阶段、资料预审阶段、现场考察阶段和申诉与复议阶段。

不同的行业有不同的认证，在发达国家，几乎所有的行业都建立了类似的认证体系。它们之间既有相似之处，如都有既定的标准体系和操作程序；但也存在差异，如由于行业属性不同，标准的内容也各不相同，而且就是同一行业也会有不同的认证标准。对专业认证来说，一般具有这些特点：从性质上看，专业认证是一种为获得教育实力证明的自发行为，而非行政部门的强制性行政命令。从目的上看，专业认证是对通过既定标准的专业给予资质证明，进而向相关利益者展示其办学实力。从实施主体上看，专业认证通常由政府授权的独立第三方专业机构实施，专家成员主要是专业领域的行家里手，具有专业的知识背景、深厚的专业情怀和丰富的评估经验等素质，能够为精准诊断专业办学质量提供专业支撑。从认证范围上看，不是所有的高校专业都适合开展专业认证，一般而言，那些专业性非常强（具有不可替代性）、职业性特征明显、需经长时间实操训练的专业更适合以专业认证的方式来提高自身质量。国外的实践表明，主要是针对与公众健康、工程、法律、师范等相关的专业。这类专业从业人员的职业能力必须有一个确实的质量保证，即必须有一个经过严格的专业教育认可的专业学位。

二、师范类专业地方认证标准的研制

一个认证活动要得以顺利开展的条件很多，但其中最关键的要素是要有科学的认证标准。目前，《通知》发布的四套标准，《中学教师培养专业认证标准（试行）》《小学教育专业认证标准（试行）》《学前教育专业认证标准（试行）》《中等职业学校教师培养专业认证标准（试行）》只是一个框架性标准，并没有相应的认定细则和操作方式，为此，必须结合各地实际进行地方化。在这个过程中，我们认为应坚持两个基本原则：一是"合格＋特色"，二是"共性＋个性"。"合格"是底线要求，即在研制地方标准时：一是建构的地方标准体系的基本框架需与国家标准的框架高度吻合；二是地方标准体系原则上不对国家标准体系所陈述的基本要点做过多的增加或删减，即使有，也是在核心观点的基础上进行的有机整合；三是地方标准体系对国家标准体系中所呈现的量化指标原则上不做变动，即使有，也是在基于充分调研的基础上进行有针对性的修正或细化。"特色"是亮点要求，即对部分院校独特之处或创新之处的挖掘，以丰富和完善国家及地方标准体系。

所谓"共性"是指三个保持一致：一是体系架构一致，即中学教师培养专业、小学教育专业和学前教育专业三套地方认证标准体系都包括认证标准、认证细则和认证表（具体认定办法）。二是重要构成要素一致，即三套地方认证标准的 A 级指标、B 级指标严格保持一致，其中 A 级指标与国家标准完全一样，都由专业定位与规划、课程与教学、合作与实践等 7 个要素组成，B 级指标都由 38 个要素组成。三是认定办法一致，三个专业的认定办法都以 B 级指标所对应的认定细则条目为依据，且认定细则条目数为 3 个及以下的，只要有 1 个条目不达标，对应的 B 级指标则视为不达标；认定条目数为 3 个以上的（不含 3 个），只要有 2 个条目数不达标，对应的 B 级指标则视为不达标。"个性"是指存在两个不一样：一是地方标准体系的部分 B 级指标对国家指标进行了提炼，从构成数量上看，B 级指标比国家标准多了 1 个（国家标准为 37 个）；二是三个地方专业认证标准体系有一定差异，如小学教育专业认证标准为了体现最新政策精神而比学前和中学两个专业认证标准多出了"教育实践方式""教师队伍建设"两个 B 级核心指标。

三、师范类专业认证方式方法的设计

广西师范类专业认证试点立足于既要综合判定专业发展的实力水平，同时更重要的是要精准诊断专业办学所存在的问题或不足，进而帮助其改进和完善。因而，方式方法的设计主要基于发展性协商式评估理念。

（一）弱化资料评审，强化现场考察

资料查阅是评估采用的常用方法之一。实践证明，对专业发展过程及其成效有关资料的梳理总结本身就是一种自我诊断的过程。但如果资料仅仅是为了迎合某一项认证要求而刻意准备的话，这势必会偏离认证的初衷。在这种情况下，认证质量的高低在很大程度上将取决于认证专家自身对该专业领域知识的掌握程度和认证工作经验的丰富程度。否则，认证则就会成为一种表层次的资料阅读。为了弥补这一缺陷，广西师范类专业认证弱化了资料评审环节，即使需要认证专业提供资料，也是侧重于对专业建设过程中状态数据的采集和过程性原始资料的搜集，比如人才培养方案修订过程中的调查报告、修订方案研讨会议的原始记录等。与此同时，为了凸显现场考察的真实呈现，设计了院系负责人主题汇报、专业负责人进行专业剖析（与答辩）、教师团队说课程、随机师生访谈与调查问卷、实地查看校内外实践实训场地、电话访谈毕业生就业和工作情况等即时性认证环节，以实实在在了解专业建设的真实状态、取得的成效和存在的不足。

（二）淡化评估检查，强调对话协商

评估检查是外部质量监控的重要手段，其主要操作程序是按照既定的评估方案对被评估对象进行评审。它的缺陷是未能较好地照顾被评估对象的意见和建议，是一种单向式的传统评估方式。而认证的目的是依据标准对专业的现状进行全面客观的"诊断"，除了给予资质证明其办学实力外，还要查找专业建设存在的不足，明确改革重点。专业认证如同医生对病人的病情进行诊断一样，不仅需要科学的医疗技术、医生丰富的诊断经验，同时也需要病人提供有价值的病因信息。因此，广西师范专业认证试点工作十分强调认证专家与院系、专业负责人、一线教师、实践基地学校、在校学生和毕业学生、用人单位等利益有关方的对话协商。在对话过程中发现亮点、总结经验、查找问题、提出对策，共同作用于专业建设质量的提高和学校质量保障体系的完善。如在资料准备环节，关于资料呈现的种类、方式和数量等，除了研制小组组内反复讨论外，还定期征求广西试点院校的意见和建议。在现场考察环节，设计的听取汇报（含答辩）、深度访谈、考察说课程、实地核查、问卷调查等这些认证办法都强调对话交流。在认证反馈环节，强调专家个人与认证学校教师、专业负责人、院系领导、学校领导等不同层面的反馈，整个反馈包括个人小反馈、专家组院系反馈和专家组集中向认证学校反馈，每一次反馈专家组都会进行集中研讨，最终形成书面反馈意见。

四、师范类专业认证实践操作模式的设计

广西师范类专业认证试点的操作性模式可以概括为"一申二备三评四议"模式（简称 APEC 模式）。

"一申"（Apply）：即认证工作是建立在高校自愿的基础上的，学校对照有关文件精神和标准体系要求，向省级教育行政部门提出申请。

"二备"（prepare）：一是申请认证的高校，必须参加认证培训，熟悉学校操作指南，以了解认证的目的、意义，做好相关的组织工作（成立学校认证领导机构、做好师生宣传工作、确定专业剖析和教师说课程人员）和资料整理工作（填写认证专业基本状态数据、准备有关佐证资料）。二是聘请认证的专家也必须参加专家培训，学习专家工作手册（熟悉认证标准、认证细则、认定办法、认证工具、数据采集规范等），了解需要完成的工作任务，把握好各阶段的时间节点，以及严守有关的纪律要求。

"三评"（evaluate）：一是学校自评，即认证院系根据学校操作指南，撰写认证专业自评报告、填写认证专业自评表、做出自我评价结果。二是专家初评，即认证专家根据专家工作手册的有关要求，对院系提供的认证材料进行预审，填写专家认证预审表。三是现场考评，即认证专家进入认证学校进行现场考察评估。专家在预审环节获得信息的基础上，现场听取院系领导汇报、专业剖析（含答辩）、教师说课程，实地考察学校实施设备及实习实训场地，查阅佐证资料和师生访谈以及调查问卷等。

"四议"（comment）：一是认证专家商议，即认证专家个人在预审和现场认证获得信息的基础上，根据认证细则做出建议性认证结论，专家小组进行内部商议。二是听取学校有关人员意见和建议，即专家组分别向认证学校教师、专业负责人、院系领导等有关人员反馈初步认证意见，听取学校相关层面的意见和建议。三是专家组建议，即专家组在个别反馈意见的基础上，对收集到的信息进行梳理、讨论，提炼成小组集体认证结论，分别向认证专业、院系、学校以及教育主管部

门提出建议。四是教育主管部门审议，即专家组在向学校集体反馈意见的基础上，将形成的专家组认证结论提请教育主管部门审议。在上述环节完成的基础上，由教育主管部门以正式书面形式反馈给认证学校。至此，学校根据书面反馈意见进入整改环节。

五、主要结论与建议

总地来说，国家标准对全国开展师范类专业认证具有全面指导性，但仍需结合各地实际做进一步的完善。

（一）主要结论

第一，师范专业的特质需进一步突出。师范类专业的人才培养目标主要是为基础教育输送合格师资。因此，师范类专业办学务必要遵循教师专业成长的规律与要求，同时更要体现特色。但现有的国家标准多倾向于从如何办一个专业的共性上去规范与要求，而忽略了对师范专业个性方面的彰显。如中学、小学、学前三套国家标准中"课程与教学"部分，虽从各个角度对师范专业的课程体系进行了规定，但并没有突出师范专业中教师教育类课程的结构性与进阶性特征，也没有突出专业课程与教师教育课程的深度融合。

第二，部分二级指标在内容上做了形式上的切割。一套科学的标准体系除了要体现实用性、可行性、正确性和精确性外，其框架在逻辑上也必须是十分严密的，具有明显的层次性，在内容上既不能有交叉重叠，也不能有相互包含。但国家标准中如中学、小学、学前三套国家标准"课程与教学"与"教师队伍"两个一级维度下有关教学的内容存在相互交叉重叠现象。

第三，部分重要概念缺乏操作性定义。标准的导向性体现在对办学单位办学行为的规范和指导上，而这种规范和指导要落到实处，且保证不走样，其基本前提在于标准制定者与标准实施者对标准本身的一致性理解。这就要求标准具有非常强的可操作性。但在试点过程中发现，学校对"外聘教师""兼职教师""本专业教师""与本专业相关的图书资料"等概念的理解有较大差异。

（二）主要建议

第一，细化国家认证标准体系。认证标准是各地开展师范类专业认证的核心依据，由于我国各地教育发展水平存在差异，国家标准还应增加区分度才能更好适应地方的实际情况。因此，在不改变国家标准的前提下，通过分解、整合或提炼等方式对国家标准体系进行再加工、深加工，并融入地方元素，体现地方特色。同时配套研制具体的认证细则和认证办法。值得一提的是，认证细则要综合考虑精简性、操作性、可行性和准确性，认证办法要考虑资料、数据的可获得性、真实性和便捷性。另外，还必须对相关的重要概念、计算公式和认定办法进行详细说明。

第二，严格认证实施程序。一是教育部应统筹全国师范类专业认证工作，建立师范专业认证专家指导委员会，省级教育行政部门组建区域性认证专家团队。二是省级主管部门和相关高校应做好规划设计，使认证工作有目标、有实施计划、有时间节点、有相关保障。三是强化学校培训和专家培训，让参与认证学校和认证专家熟悉认证标准体系，领会认证精神，完成认证内容，严格认证纪律，确保认证效果。四是各地可以借助现代信息技术建立或整合与专业认证有关的数据采集平台，常态化收集有关的数据，进而创新认证方法，提高认证工作实效。

第三，建立制度化运行机制。一是行政部门对高校新设立的师范类专业实行前置制度，即凡是想设立师范类专业的高校，必须经过师范类专业认证。二是根据国际惯例设置诸如五年一次的师范类专业认证时效制度。在这期间，对"通过"认证的师范类专业，给予五年有效期；对"待通过"认证的专业，给予一至两年的整改期；对再次认证通过的专业自通过之日起给予五年认证有效期。三是强化结果运用，对认证结论为"通过"的专业，各地应在招生政策、经费拨付、收费标准等方面给予倾斜等奖励性措施，对认证结论为"待通过"和"不通过"的专业给予警示并限期整改。

第三节　师范专业认证视域下教育实践基地建设

高质量的教师教育是构建高素质专业化创新型教师队伍的前提与基础。近些年，为了满足经济与社会发展，尤其是教育教学改革发展对高素质专业化教师队伍的迫切需要，世界各个发达国家，如美国、德国、英国、澳大利亚、日本等国都积极建立健全教师教育质量保障体系，从教师职前培养的源头上保障教师队伍的整体素质与专业化水平。我国为了构建具有中国特色、世界水准的教师教育质量监测认证体系，教育部于 2017 年 10 月 26 日印发的《普通高等学校师范类专业认证实施办法（暂行）》，开启了我国师范教育分级分类的专业认证制度；2018

年 6 月，教育部教师工作司、教育部高等教育教学评估中心联合推出的《普通高等学校师范类专业认证工作指南（施行）》，细化了师范类专业认证工作的实施要点，解读了中学教育、小学教育、学前教育专业认证标准的内涵、考查要点与佐证材料，引领了我国教师教育质量提升的方向。

我国师范类专业认证标准的实践导向显著，在毕业要求指标中多次强调师范生在教育实践中要学会教学与育人。教育实践基地是师范生开展教育实践的主要场所，是师范生毕业要求达成的重要保障，也是师范类专业认证的重要指标观测点。随着师范类专业认证在全国范围内的积极推展，设有师范类专业的高校必须清醒地认识到教育实践基地建设对师范类专业认证的重要意义，明确师范类专业认证标准下教育实践基地的建设要求，以认证为契机与抓手，探究教育实践基地建设的有效路径。

一、师范类专业认证视域下教育实践基地建设的重要意义

（一）实践教学开展的重要保障

实践教学是师范生内化专业理论知识、锻炼教育教学实践能力和育人能力、形成教师职业认同感与师德观念的重要教育过程，是师范生毕业要求达成的直接影响因素。在师范类专业认证的系列认证标准中，"实践教学"指标明确提出"教育见习、教育实习、教育研习贯通，涵盖师德体验、教学实践、班级管理实践和教研实践等"。教育实践基地是实践教学有效开展的重要条件与实践保障。教育实践基地为师范生提供良好的校园文化环境、优秀的教育实践指导教师以及丰富的教育实践资源，以保障教育见习、教育实习等实践教学活动顺利开展。因此，从实践教学开展的外部条件保障来说，教育实践基地建设成效与否直接影响了实践教学质量的优劣。

（二）协同育人的主要阵地

师范类专业认证标准中"协同育人"指标要求高校与地方教育行政部门和中小学（幼儿园）建立"三位一体"协同培养机制，形成教师教育合作共同体。在这个合作共同体内部，高校与中小学等基础教育学校在教师教育人才培养上有最大的利益相关性与共同的价值取向。基于共同的价值取向与利益相关，有着六十余年教师教育专业认证历史的美国，在教师培养优胜项目认证中，"大学与中小

学合作伙伴关系建设"指标非常醒目，其认证目的有三：第一，以合作伙伴关系为桥梁，促使中小学的反馈意见与评价改进数据能够被教师培养项目及时收集，提高师范生教育实习环节的品质，为项目认证注入源源动力。第二，在专业合作与沟通常态化的合作伙伴关系建设过程中，利用大学与中小学教师的共同智慧来促进师范专业建设品质的提升。第三，建立开放的项目质量评价体系，提高中小学等学校客户在认证项目中的话语权与参与权。在我国，教育实践基地建设将高校与中小学等基础教育学校这对利益相关者紧密地联系在一起，双方发挥各自独特优势，合作共赢、互惠互利，形成协同育人的主要阵地。通过教育实践基地的平台，中小学等基础教育学校能够贡献智慧，参与到高校师范专业人才培养方案制定、实践教学体系设计、课程资源建设、教学团队建设等专业建设活动中来，提高在师范专业人才培养上的话语权与参与权；同时，高校能够通过教育实践基地开展基础教育实践研究，搭建教师职前培养职后培训一体化平台，为中小学等基础教育学校教师职业能力提升提供服务。

（三）高校教师队伍建设的实践支撑

教师队伍建设状况是师范类专业人才培养质量保障的重要影响因素，是师范类专业认证的重要指标，对于师范生毕业要求的达成具有重要支撑作用。师范类专业认证标准（第二级），对于师资队伍在"数量结构"指标上明确规定"基础教育一线兼职教师素质良好、队伍稳定，占教师教育课程教师比例不低于20%"，"实践经历"指标上规定"教师教育课程教师至少有一年基础教育服务经历"；"持续发展"指标上规定"探索高校和中小学（幼儿园）"协同教研""双向互聘""岗位互换"等共同发展机制"。高校师范教育专业教师队伍的结构优化、质量提升与可持续发展都有赖于基础教育学校与基础教育一线优秀师资力量的助力。高校与基础教育学校合作开展教育实践基地建设，在师范类专业认证标准的引领下，以实践为导向、以基地为平台，选聘基地学校的优秀教师担任高校兼职教师，构建稳定质优的兼职教师队伍，优化高校教师队伍结构；与此同时，高校教师可以依托基地学校挂职锻炼，提升高校教师实践能力，增加基础教育服务经历，构建高校与基础教育学校师资共同发展机制。

（四）专业课程内容与专业教学资源的丰富来源

师范类专业认证标准中，"课程内容"指标要求课程内容引入优秀的教育教学案例。专业课程内容中引入优秀的教育教学案例，能够将教育教学专业理论知识与教育实践相结合，强化师范生对专业课程内容的理解与领悟，有助于师范生达成毕业要求。除此之外，师范类专业认证标准中"资源保障"指标要求建有基础教育的教材资源库和优秀教育教学案例库。高校与基础教育学校合作共建的教育实践基地处于基础教育一线，日常的教育教学工作以及教师教研活动都会积累丰富而鲜活的教育教学实践资料。这些教育教学实践资料经过有效整理与筛选，便是优秀教育教学案例库的最佳资料来源，能够丰富师范类专业课程内容与专业教学资源。

二、师范类专业认证标准下教育实践基地建设的基本要求

（一）"稳"字当头

教育实践基地建设以稳定作为最基本的前提条件。教育实践基地不稳定则无法建立高校与基础教育学校紧密的合作关系，师范生的教育见习、教育实习、教育研习等教育实践活动质量不能得到一定的保证，无法有效实现教育实践基地最基本的功能与作用。为了保障师范生的教育实践活动顺利开展，师范类专业认证标准（第二级）在教育实践基地稳定性上的要求为"相对稳定"，师范类专业认证标准（第三级）对教育实践基地提出"长期稳定"的认证要求。无论是"相对稳定"还是"长期稳定"，教育实践基地建设必须以"稳"字当头，高校与基础教育学校要建立稳定的合作伙伴关系，扎实推进教育实践基地的组织、制度、指导教师队伍等方面的建设。

（二）"量"的扩充

为了保障师范生有充足的教育实践岗位与实践机会，满足师范生的教育实践需求，师范类专业认证标准在教育实践基地建设的数量上明确要求每20个实习生至少配有一个教育实践基地。从这一具体数量指标出发，高校要根据师范生的实习人数配足教育实践基地数量。教育实践基地数量规模扩容应当突破地域的禁锢，综合考虑基地的区域布局，以一点为圆心向周围扩展，将高校所在地域的基础教育学校作为教育实践基地遴选的主要范围，同时不断向周边省市拓展教育实践基地遴选的地域范围，做到布局合理，实现教育实践基地建设"量"的扩充。

（三）"质"的提升

教育实践基地建设不仅需要"量"的扩充，更需要在此基础上实现"质"的提升。师范类专业认证标准（第二级）在"基地建设"指标上要求"能够提供

合适的教育实践环境和实习指导，满足师范生教育实践需求"，这是保障师范生教育实践活动能够开展的基本要求。师范类专业认证标准（第三级）在"基地建设"指标上则明确提出教育实践基地在校风、师资、学科、管理、课程资源、教学改革等方面的高质量要求，这些要求基本上概括了高质量教育实践基地的遴选标准。要实现教育实践基地"质"的提升，不仅需要明确基地遴选标准，还要注重基地建设内涵式发展，明确基地建设质量要求，向制度要质量，向管理要质量，向合作要质量，向监控要质量。

三、师范类专业认证视域下教育实践基地的建设路径

建设教育实践基地不仅需要在数量上达到专业认证的指标要求，更重要的是要实现基地建设内涵式质量发展，才能为师范类专业人才培养提供可靠的质量保障，以下从基地建设的理念、目标与功能定位、保障机制、合作运营模式、质量监控与评价机制等方面探究提升基地建设质量的有效路径。

（一）更新教育实践基地建设理念

在师范类专业认证引领师范教育质量不断提升的背景下，实现教育实践基地建设内涵式发展，以师范类专业认证"学生中心、产出导向、持续改进"的基本理念为出发点，与时俱进更新教育实践基地的建设理念，并以建设理念为基地建设的精神内核与价值实现。

1.以互利共赢的价值理念贯穿基地建设的始终

有学者运用德尔菲法估算出校外实践基地建设各个环节，校、企、政三方对基地建设的贡献值，分别为企业的贡献值占175%、高校占135%、政府占90%，从这些估算数值可以看出，实践基地建设的成效，企业的贡献值最大。目前，关于教育实践基地建设一般都强调以U-G-S（高校—政府—学校）协同育人的方式开展。然而，目前高校、政府、学校三方在教育实践基地建设过程中缺失"互利共赢"价值理念引导，片面强调基础教育学校这一方的贡献值最大化，显然是不现实的。因此，在教育实践基地建设过程中贯穿互利共赢的价值理念，达成利益共享发展共赢的局面，才能建立教育实践基地建设主体之间的长效合作机制。

2.以师范生毕业要求达成的实践理念为教育实践基地建设的基本定位

有学者调查研究发现，实践理念是影响实践基地建设的最重要因素，落后的实践教育理念是制约学生实践能力培养与基地建设的关键影响因素。在师范类专业认证视域下，教育实践基地建设要紧扣师范生毕业要求达成的实践理念，在该

理念的引导下，注重基地建设的"学生中心"取向，配置基地各类教育实践资源，建立教育实践过程质量监控机制，推动实践教学体系不断地在教育实践中完善与发展。

3. 以持续改进的发展理念为教育实践基地建设的不竭动力

要关注并正视教育实践基地建设过程中暴露出的问题，以问题为中心，以师范类专业认证标准为依据，贯彻持续改进的发展理念，深化基地建设的体制机制改革，激发基地建设的源源动力。

（二）重塑教育实践基地的建设目标与功能定位

基于教育实践基地建设对"协同育人""实践教学""师资队伍""课程内容""资源保障"等师范类专业认证指标达成的带动作用，应当重新定位教育实践基地的功能：教育实践基地是协同育人的主要阵地，是师范生毕业要求达成的重要支撑平台、教师队伍建设与教师职前职后一体化服务平台、师范类专业实践资源平台以及基础教育研究平台。在新的功能定位下，应当重塑教育实践基地的建设目标，不应将教育实践基地简单地理解成为师范生提供教育实习、教育见习、教育研习的教育实践场地。因此，在教育实践基地的建设目标上，强调以教育实践基地为依托，打造集师范专业卓越人才培养、教师职后培训服务、基础教育研究、教育教学实践资源库建设为一体的合作创新中心。

（三）建立与完善教育实践基地建设的保障体系

1. 组织保障

为了使教育实践教育基地建设顺利开展，在教育实践基地建设初期应当建立一支结构合理、架构清晰、业务精良的基地建设管理运营团队，作为基地建设的组织保障。团队成员主要由高校与教育实践基地学校的管理人员、专业带头人、学科专家以及教育行政部门人员组成。强而有力的基地建设管理运营团队，能够有效整合高校、基地学校以及政府的优势资源，在基地建设伊始，在师范专业认证视域下，确立基地建设的目标、定位、内容、推展步骤，为基地建设奠定一个良好的开端。

2. 制度保障

为了使教育实践基地建设向着科学化、规范化、制度化的方向发展，在教育实践基地建设过程中要逐步建立和完善基地建设的系列制度，以制度的逐步完善不断推进基地建设与实践教学活动质量提升。当前，在师范类专业认证的引领下，教育实践基地建设应当建立与完善基地遴选制度、基地效能考核奖励制度、"双导师"制度、教育实践教师遴选培训评价的系列制度、实践教学过程管理制度、实践教学质量监控与改进制度、师范生教育实践形成性评价制度等相关制度，并在基地建设过程中，注重各项制度的动态调整性与实践生成性，以行之有效的各项制度，保障教育实践基地的良性循环发展。

3. 资金保障

教育实践基地的建设与运转需要资金作为物质保障。高校要依据教育实践基地的建设目标，利用高校独特的高素质人才资源与社会资源，通过基础教育课题研究、校企合作协同创新项目、教师职后培训等方式，争取获得政府、企业等社会各界的资金支持，结合高校自身对教育实践基地建设与实践教学的经费投入，扩大资金来源渠道，加大对基地建设的资金投入，保障基地建设经费稳定增长，以资金投入扣动基地建设的扳机，建设符合师范类专业认证标准与有利于师范专业卓越人才培养的高质量教育实践基地。

4. 师资保障

师范类专业认证标准中明确提出教育实践的"双导师"制度。教育实践基地高质量的"双导师"队伍是教育实践活动的质量保障。高校与教育实践基地学校基于互利共赢的理念，要强化教育实践"双导师"队伍"质"与"量"的提升。一方面，高校加强校内实践指导教师的教育实践锻炼，派驻高校教师到教育实践基地挂职锻炼，提升高校教师的基础教育实践能力，丰富实践研究成果；另一方面，强化基地学校实践指导教师的教育教学理论知识学习与理论水平提升，以高校的学术资源优势为依托，开展基地学校实践指导教师培训。

（四）不断探索教育实践基地建设的合作运营模式

目前，我国师范类专业认证尚处于起步阶段，应当借鉴教师教育专业认证的国际经验。2015年，澳大利亚开展了新一轮教师教育专业认证改革，在教育实践方面，新标准清晰界定了高校与基础教育学校的正式伙伴关系及其内容，明确了双方的角色与职责，要求高校与基础教育学校之间应形成清晰的交流机制。这对我国师范类专业认证背景下教育实践基地建设的合作运营模式具有一定的参考意义。结合我国师范类专业认证标准"协同育人"指标对基地建设合作运营模式的启发，总结基地建设过程中的成效与不足，积极探索教育实践基地建设行之有效的合作运营模式。该合作运营模式应该着重强调基地建设合作运营伙伴关系的正式确立与持久维持，明确基地建设合作运营的主要内容与分工职责，形成合作运营伙伴间互利共赢的交流机制，不断提升合作交流的深度与广度。具体来说，在专业建设、人才培养方案制定、实践教学体系设计、实践教学质量评价、教师职前培养职后培训、基础教育研究、基础教育实践资源库建设等方面开展多方位、多层次的交流与合作。

（五）建立教育实践基地实践教学过程质量监控与评价机制

当前，实践教育基地建设存在岗前部署谋划不周、实践过程管理松散、考评激励机制缺失等问题，这些问题会对实践教学质量与师范生毕业要求达成产生非常不利的影响。师范类认证标准（第二级）在"质量保障"指标上要求"建立教学过程质量常态化监控机制"，在师范生"学业监测"指标上要求"建立形成性评价机制，监测师范生的学习进展情况"。实践教学是教学过程的重要环节，教育实践基地是师范生实践教学的主要场所，教育实践基地实践教学过程质量监控是师范生毕业要求达成的有效保障。基于师范类专业认证的指标要求，教育实践过程中需要注重师范生实践过程性考核评价，建立教育实践基地实践教学过程质量监控与评价机制，以保障师范生毕业要求达成。

从 2000 年开始，美国 NCATE 组织在教师教育项目中引入了基于绩效的认证系统，用标准化、信息化的绩效测量工具手段评定师范生的实习效果。基于美国教师教育专业认证的经验，我国学者提出：加大客观、准确、有效的认证工具研发是提高我国师范专业认证科学性的出路。然而，师范生的教育实践是在教育实践基地的真实场景中开展的，师范生的教育实践能力发展也具有一定的个体差异性。因此，在对教育实践基地实践教学过程进行质量监控与评价时，除了运用标准化、信息化绩效工具诊断评价师范生的实习、见习和研习效果，应当注重以师范生在教育实践中的过程性考核评价为有效参考。具体来说，细化教育实践基地实践教学的安排部署与过程管理，甚至精确到每一天的教育实践计划安排、目标任务分解与目标达成，对师范生开展过程性、持续性、个性化的考核与评价，有效地对师范生教育实践全过程进行监控，科学合理地监测师范生教育实践能力的发展情况，建立教育实践基地实践教学过程质量监控与评价机制。

总之，教育实践基地建设对实践教学、协同育人、师资队伍、课程内容、资源保障等师范类专业认证指标达成有所助益。在师范专业认证视域下，要明确教育实践基地"稳""量""质"的建设要求，更新基地建设理念、重塑基地建设目标与功能定位、建立与完善基地建设的保障体系、探索基地建设的合作运营模式、建立基地实践教学过程质量监控与评价机制。

第四节　师范专业认证背景下师德培育课程体系

师德是教师职业道德的简称，是"教师在长期的教育教学中形成的稳定的道德观念、道德品质和行为规范的综合，是教师思想觉悟、道德品质和精神面貌的集中体现，是教师的专业伦理规范"。古代大教育家孔子提出了我国历史上最早的教师职业道德规范："学而不厌、诲人不倦"，"其身正，不令而行"等。人民教育家陶行知先生被誉为"师之典范"，他提出的"千教万教，教人求真；千学万学，学做真人"被认为是师德精髓。进入中国特色社会主义新时代，习近平总书记提出要把"立德树人"作为教育的根本任务，并围绕这一根本任务做出了许多重要论述。他指出："教师的职业特性决定了教师必须是道德高尚的人群。合格的老师首先应该是道德上的合格者，好老师首先应该是以德施教、以德立身的楷模。"显然，师德培育是师范生教育的重要内容，是师范专业对"如何培养人，培养什么样的人"这一时代要求的回答。

一、专业认证标准中明确的师德素养

2017 年 10 月，教育部印发了《普通高等学校师范类专业认证实施办法（暂行）》，分类制定了中学教育、小学教育、学前教育、职业教育、特殊教育等专业认证标准，启动了我国教师教育质量认证工作。这既是衡量各师范专业办学质量的标尺，也是促进各师范专业持续改进的指南。

（一）师德素养的基本构成

在中学、小学教育的专业认证"二级标准""三级标准"中，明确了"一践行三学会"的毕业要求，即"践行师德、学会教学、学会育人、学会发展"。其中"践行师德"是对各师范专业培养学生师德素养的规格要求，它包括"师德规范"和"教育情怀"两个部分。

"师德规范"里明确了师范生需要学习掌握的有关师德方面的理论知识，包括中国特色社会主义理论（尤其是社会主义核心价值观），党的教育方针、政策，中小学教师职业道德规范，教育法律法规等。因为"师德有赖于知识和技能"，所以围绕这些理论知识开展专门而系统的学习，能更好地帮助师范生理解中国特色社会主义政治理论、更深刻地了解党的教育方针政策、理解师德规范的内在意涵、掌握教育法律法规的具体要求，从而在思想、政治、理论和情感四个层次逐步达成认同，为师范生牢固立德树人的使命责任、养成依法执教意识，将来成长为"有理想信念、有道德情操、有扎实学识、有仁爱之心"的好教师奠定知识基础。

"教育情怀"反映的是"教师对于教育的理解、热爱、忠诚和信念的程度，体现为主观上的从教意愿"，它是基于深厚的人文底蕴和科学精神对教育事业、对教师职业有了深刻理解后产生的持续性、弥散性、强烈性的心境和情感。教育情怀与师德规范的理论学习之间形成互为支撑、互相影响的关系。在认证标准中，教育情怀的内涵首先描述为师范生"具有从教意愿"，这是指师范生在学习中能呈现出一种主动积极的心理倾向，而非被动的、功利性的从事教师职业的愿望和动机；从教意愿的进一步发展就体现为对教师职业的认同，职业认同是基于对教育事业和教师职业的全面深刻认识而形成的；而教育情怀还将进一步表现在教师职业活动中的稳定持久的情感和行为，如对学生的尊重、爱心、耐心，对工作的责任和担当，等等。教育情怀不具操作层面上的技术特征，更不是肉眼可见的"量化"指标，但它的存在丝毫没有被怀疑过。它是一种超验的"行动意识"，是渗透于教育者教育行动过程中的意念，是对教育者的行动产生深刻影响的精神力量。教育情怀是教师精神力量的体现，是教师自由自觉活动的力量。因此，教育情怀的涵养是师德培育的核心，是师范生成长为"学生锤炼品格、学习知识、创新思维、奉献祖国的引路人"的内在动力。

（二）师德素养中突出的"责任使命"和"行为养成"

"爱国守法、爱岗敬业、关爱学生、教书育人、为人师表、终身学习"是中小学教师应当熟知的六条职业道德规范。而教育部新出台的师范专业认证标准则在此基础上对师德素养做了新的强调和补充。一方面，着重强调新时代教师的责任和使命，"尤其是把国家责任、政治责任、社会责任和教育责任置于师德的突出地位，作为教师担负'立德树人'使命的'压舱石'"。教师不仅承担教书、育人的教育责任，更要有政治眼光和历史视野，在教书育人过程中自觉地承担国家责任、政治责任和社会责任。前提是教师应具有人文底蕴和科学精神，具有教育的本领，方能自觉地做先进思想文化的传播者，担负起学生"引路人"的历史重任。另一方面，师范认证标准突出强调师德培养要落脚于"践行"。"践行师德"就是要求注重对师范生良好职业道德行为和习惯的培养。在学校师范专业教育中，无论师德培育是从知、情、意、行哪个环节入手，最终的落脚点都应是良好道德行为的养成。

二、现有师德培育体系中的不足

传统的"师范教育"成为一种开放的"教师教育"体制后，一些高等院校在开办师范专业时强调"专业性"而忽略了"师范性"，在师德课程建设上更是缺乏一套较为完善和成熟的体系。

（一）师德课程结构单薄，与其他课程的对接和联动不足

大多数高校把师德培养与教育的任务交给"教育学"这门教师教育课程，这门课程中虽然涉及教育伦理、教师职业等内容，但篇幅极为有限。"师德规范"只是"教育学"课程中很小的一部分，难以承担师德规范学习、教育情怀培育的全部责任。2016年，全国范围内实施教师资格国家统一考试以后，一些高校根据考纲要求在教师教育课程中增设"教师职业道德修养""教育政策法规"等专门课程。由于此类课程建设起步较晚、水平不高，且与学校其他实践实训课程的对接和联动不足，得到其他课程或教育实践课程的支持较少，因此实效不高。

"教师职业道德修养""教育政策法规"课程更多的是对道德知识、法则规范的知识性学习，缺乏师德实训、实践的课程模块和类型。而师德的培育需要创设更多的情境、提供更多的活动和交往机会让师范生去体验、经历和实践，这些需要有适宜的活动课程来承载。尽管师范生在学校会参加各种各样的课外活动、社会实践，但以师德修养为主题的活动相对较少；即便有师德相关的活动，也因为缺乏与学科课程的沟通、缺乏专业教师的指导，其教育效果大打折扣。在师范生教育实践环节中往往更加注重对课堂教学技能、班级管理技能的训练，而忽视师范生个体对师德规范的体验，缺乏对其在践行中的明确要求，缺乏对师德个体化发展需求的有效指导和帮助。

（二）师德课程评价方式单一，不利于师范生师德的转化与践行

师范生通过学校专门设置的课程学习后是否能形成相应的道德观念、道德情操或品质，这是师德课程建设中一个重要的问题。"一般来说，在教师道德测评中，对知识、行为可以量化，而对情感、信念与意志却无法量化；道德测评对表层次的行为规范可以量化，而对深层次的目的与动机则不能量化。"师德内涵是极其丰富的，既具有情感的内隐性又具有行为的外显性，所以师德培育效果的检测就成为一项非常复杂的工作。当前，我们对师范生师德养成状况的评价往往采用抽象模糊的描述或是在某一课程学习后对其知识掌握程度给予分数评价。例如，学

校的学生工作管理部门在师范生申请各类奖助学金、综合测评、毕业鉴定时会对学生做出概括且无针对性的描述评价；在师范生学习"教师职业道德修养""教育政策法规"课程结束后，通过考试或作业考查得到一个成绩，这个成绩只能反映师范生对师德规范在认知层面上的掌握情况，并不能够真实、全面地反映其职业道德素养水平。事实上，类似于这样的评价或过于含糊或过于片面，无法对师范生进一步涵养师德和行为转化产生指导和促进作用。

（三）学校隐性课程的支撑力度不够，教育合力发挥不足

隐性课程是与显性课程相对的一种课程形态，它是无目的、无计划的教育内容，无法出现在师范生的"课程表"中，却实实在在地对师范生师德成长产生了影响。在学校里，隐性课程的表现形式主要有三种：物质性隐性课程、制度性隐性课程和心理性隐性课程。物质性隐性课程，如学校的地理位置、建筑设计、校园内的自然风光、人造环境等等；制度性隐性课程，如师生交往状态、同学关系准则、学校规章制度等等；心理性隐性课程，如师生特有的心态、行为方式和价值观念等等。自从教师教育成为开放的教育体制后，一些非师范院校虽然根据形势发展需要开办了师范专业，在办学过程中却没有重视学校各类隐性课程对师范生师德涵养的作用和价值。常见的问题表现在学校里没有体现师范特色的建筑、雕塑、格言等，不注重发挥教师集体组织的功能、忽略对本校师德教育资源的开发和利用等等。

三、构建"情智共生，知行一体"的师德培育课程体系

为了师范生毕业后走上教师工作岗位能"践行师德"，需要学校为师范生师德成长提供认知的基础、情感与意志的体验及经历、行为的训练和初步实践，这不是某一门课，或某一类课能单独完成的，需要全面"融通"于师范专业人才培养方案，落实到学校教育教学的各个环节。因此，构建"情智共生、知行合一"的师德培育课程体系，可从以下几方面入手：

（一）丰富师德培育课程类型，加强与其他课程的对接与联动，注重"情智共生"

师德培育课程的建设，一方面要重视师德学科课程的建设，提高学科课程的水平和质量，依照认证要求中"师德规范"实现内容全面覆盖的同时，积极探索开发新型师德实训课程，不断完善师德实践课程。理论课程注重职业道德规范、

教育法律法规等的学习，实训课程注重道德情境模拟以及处理技巧的训练，实践课程则注重师德技能转化、体验感悟和认识深化。各类型课程相互支撑、配合，促进师范生教育智慧的初步生成。

另一方面，要注意相关学科课程之间以及学科课程与活动课程之间的内在联系，让原本点状的师德培育课，成为链状、网状的课程体系。师德培育课程体系可以"理论教学"作为课堂载体，在开设专门的师德学科课程的基础上，加强与其他相关课程的认识和情感关联。如在教师教育课程、人文通识课程以及一些学科专业课中合理浸透师德教育的相关内容；以"主题教育"为活动载体，开展涉及师德认知、情感的教育活动，使师范生在参与体验中感悟师德规范、提升道德品质；以"实训实践教学"为践行载体，通过多种途径和形式开展师范生教育见习、教育实习、教育志愿者服务等，强化师范生对教师职业特点、师德规范的践行体验。

（二）建立合理科学的师德成长评价机制，引导"知行合一"

评价既具有诊断功能，又有强烈的导向功能；它既是对学校师德培育工作效果的检验，也是引导师范生自我教育的重要手段。

首先，师德学科课程的专业教师要善于根据品德发展规律和特点制定合理科学的课程学习与表现的评价标准，主要针对师德认知发展的不同结构成分展开评价，评价过程以专业课教师为主、学生为辅。其次，依据师范生各自的专业特点，分专业组织制定易于观测和评定的道德发展评价内容，实施"档案袋评价"。"档案袋评价"属于过程性评价，需要各个专业为师范生安排成长导师，评价过程由导师负责，辅导员、学生个人、学生同伴、其他教师共同参与，不同评价主体将能体现道德发展的材料合理地载入档案袋中，以反映师德成长的发展变化情况。最后，对实践课程中师范生的行为表现进行道德评价。例如，教育实习中注意对师范实习生的道德表现评价，对其良好道德行为表现给予肯定强化，发现不足及时指正。这里的评价主体更广泛，有实习指导教师、实习生本人、实习学校的学生甚至家长等。

简言之，在开展对师范生的师德养成情况评价时要注重规定性与导向性相结合、自评与他评相结合，注重表现性评价为主、过程性评价与结果性评价相结合的原则。

（三）建设优质的隐性课程，增强对师德培育的支撑力度

首先，要注重校园自然环境的建设，充分考虑师范生的专业特点和培养规律，

在校园中合理设置教育家的雕塑、雕像，在楼道走廊或教室墙壁悬挂、刷写教育格言、名言警句等，充分发挥物质环境的浸润作用。其次，要注重加强师德师风建设，用高尚的师德情操、崇高的人格魅力、渊博的学识为师范生树立良好的学习榜样，发挥学校心理环境的示范陶冶作用。最后，注重加强学校内党的建设、贯彻民主集中制，加强校务公开、发挥教代会、学生会等组织的作用，重视吸收、鼓励大学生参与学校民主管理，从严治教，规范管理，建设公平公正、民主法治的和谐校园，发挥学校制度性隐性课程的熏染作用。

总之，师德素养的培育是一个长期的、复杂的过程，是一个从外部规范转向自我领悟的过程。而师范生师德培育作为教师师德养成的一个重要阶段，是极为重要的过程。

第五节　师范专业认证背景下汉语言文学专业实践

师范专业毕业生不仅需要听说读写的专业技能，同时更需要具备扎实的教师教育实践能力，2017年教育部发布的《普通高等学校师范类专业认证实施办法（暂行）》提出了"学生中心、产出导向、持续改进"的基本理念，"一践行三学会"的指导精神，"师德规范、教育情怀、学科素养、教学能力、班级指导、综合育人、学会反思、沟通合作"八大毕业要求，对照该实施办法的相关指标要求，构建一套完善合理的实践教学体系对于培养学生的专业实践能力具有重要的价值和意义。鉴于此，本节以地方本科院校长治学院为例，分析讨论师范专业认证背景下汉语言文学专业实践教学体系的构建。

一、目前汉语言文学专业实践教学的现状

实践教学与理论教学相对，更注重培养对学生综合运用理论知识的能力，二者应当相互促进，协调发展。但目前，在地方本科院校，汉语言文学专业实践教学在学时分配、课程设置、实践内容、质量评价、持续改进等方面仍存在着较多的问题。我们对长治学院中文系汉语言文学实践教学开展情况进行了调查分析，发现实践教学目前的状况如下：

（一）实践教学学时分配不均衡

实践教学学时分配主要集中在两大部分：一部分是专识教育平台课程和教师

教育平台课程，一部分是实践创新平台课程。其中，教师教育课程中实践教学学时数较多，具体来说：必修课主要有中学语文课程与教学论共 51 学时，其中讲授 34 学时，实践 17 学时；中学语文教学案例分析共 17 学时，其中讲授 10 学时，实践 7 学时；三字一话共 34 学时，其中讲授 10 学时，实践 24 学时；选修课主要有中学语文教学设计共 34 学时，其中讲授 10 学时，实践 24 学时，普通话训练、三笔字训练、中学语文教学技能训练各 34 学时、均全部用于实践。专识教育课程包括专业必修课和专业选修课，专识教育课的实践教学时数很少，具体来说：专业必修课主要有现代汉语共 95 学时，其中讲授 86 学时，实践 9 学时；古代汉语共 116 学时，其中讲授 106 学时，实践 10 学时；基础写作共 51 学时，其中讲授 36 学时，实践 15 学时；语言学概论共 51 学时，其中讲授 48 学时，实践 3 学时；中国古代文学、外国文学、文学概论、中国现当代文学均没有分配实践教学时数。专业选修课均为 34 学时，但都没有分配实践教学时数。实践创新平台课程主要包括毕业论文共 14 周、专业实习共 14 周、专业见习共 4 周、经典背诵共 34 学时（均用于实践）、专业写作共 68 学时（均用于实践）。

综上，教师教育平台课程和实践创新平台课程中实践教学学时较多，实践教学时数占比最多达 100%，最少也占 33.3%，而专识教育平台课程中实践教学学时较少，实践教学时数占比最多的是专业写作课，其实践教学时数占 29.4%，其余有实践教学时数的课程中实践教学学时占比均不到 10%，其实践教学学时分配并不合理，而且有很多专识课程没有实践教学学时，这也在一定程度上反映出专识教育课程教师对实践教学的重视程度不高。

（二）实践教学内容设置的规范性和科学性不均衡

实践创新平台的课程均为实践性很强的课程，尤其是其中的必修课，从系级层面均设有相应的实施方案，教师和学生都能按照相应的计划有序开展，并且课程最终都有一定的考核要求和目标，这样学生就会积极主动地朝着考核目标努力，其规范性和效果都不错。具体来说，近几年，毕业论文的选题主要围绕教师教育和地方文化两大方向进行，从选题、开题、初稿、中期检查、二稿、三稿、结题报告到最终的答辩，都有严格的管理和监督，过程监督和指导规范、完善，从近几年毕业论文抽检的结果来看，毕业论文的质量还不错。见习、实习方面，我们建立了"实习带见习，见习促实习"的联动机制，大四学生实习的时候，就带上低年级的学生进行见习。每年都制订详细的实习和见习计划，使学生在实习和见习过程中真正有所收获。实践课程专业写作的教学效果也不错，这门课程从大一开始到大三结束，在实施这门实践课时，我们规定不少于五万字，内容上涉及应用文、记叙文、说明文、散文、读书报告等多种文体，其中，读书报告不少于三万字，而且读书报告中有三分之一的内容要与中学语文教材中所涉及的文本内容相关。从最终考核上看，要求学生提交五万字的手写稿和参加脱稿口头答辩，具体来说就是在大三这门课结束前每位同学都要提交一份五万字的专业写作手写稿，同时都要参加专业写作中读书报告的脱稿答辩，答辩通过后方可拿到相应的学分，在这样的监督体系下，学生不仅强化了写作能力，同时也提高了书写能力。就经典背诵而言，这门实践课以过级的方式进行考核，在校期间只有通过二级考试方可获得学分。本门课共设有四级，每一级都有规定的背诵篇目，每一级都有过级要求，在这样的要求下，学生们都会很自觉地学习，效果也不错。

与实践创新平台课程相比，教师教育平台课程和专识教育平台课程的实践教学内容设置的规范性稍差，尤其是专识教育平台课程表显得更加明显。比如，现代汉语的实践教学时数为 9 课时，为什么在总课时为 95 学时中要拿出 9 个课时用于实践、拿出的 9 个课时如何进行分配、这 9 个课时的实践内容具体又是什么等问题，对于每个任课教师而言，其想法均有所不同，有的人认为语音部分需要多分配一些实践学时，有的人则认为语法部分需要多分配一些实践学时，在某种程度上可以说对实践教学内容的科学性缺乏有效论证。

（三）实践教学考核要求宽严不一

实践创新平台课程中的必修课考核要求明确、严格，比如毕业论文最后的考核分数最终由论文指导教师成绩、论文传阅教师成绩、答辩成绩按照 40%、30%、30% 的比例相加而成。与此相比，教师教育平台和专识教育平台的课程考核要求相对较松。比如，语言学概论共 51 学时，实践教学学时为 3 学时，实践教学内容为方言现象调查，这门课的成绩由平时成绩、期中成绩、期末成绩分别按照 10%、20%、70% 的比例相加而成，其中，平时成绩由出勤、作业、笔记按照 30%、40%、30% 的比例相加而成，而只占 3 学时的实践教学成绩只能放入仅占总成绩 10% 的平时成绩中，而且也只占平时成绩的一部分，可见，实践教学成绩的占比很低，对学生最终成绩的影响很小。而且，目前教师教育平台和专识教育平台的课程实践教学部分多以考查方式进行，不像理论教学的考核标准那么明晰，比如三笔字训练，最终的考核方式是要求学生每人提交钢笔字、粉笔字和毛笔字各五篇，写到什么程度可以得 95 分、写到什么程度可以得 90 分，目前还未建立明确的考核标准，因此，考核要求不明晰，教学效果也一般。

二、汉语言文学专业实践教学现状形成的原因

实践教学出现以上问题，主要有以下几方面的原因：

（一）重理论，轻实践的传统意识

目前，从事汉语言文学专业教学的教师队伍主要以 70 后、80 后为主，这一年龄段的教师多是在传统教学模式下培养出来的，教师的学历层次高、专业理论素养高，在教学实践中，受自身教育背景和传统教学模式的影响，再加上总学时数不断减少，他们认为在有限的教学时数内应当传授给学生更多的理论知识，从思想上存在"重理论，轻实践"的意识。

（二）以学生为中心的教学理念尚未完全建立

目前，虽然有部分老师开始运用翻转课堂、混合式教学等，但更多的教师仍采用"教师讲，学生听"的教学方式，整个课堂仍以教师为中心，教师所讲内容学生到底学到了多少，教师无法及时掌握和了解，更谈不上根据学习效果调整教学内容、教学方式了。因此，在设置实践教学内容时，很多老师多从教师自身的感觉出发，认为这部分需要进行实践，而不是从学生需要出发来设置相应的实践教学内容和实践教学方式。

（三）"产出导向"的教学理念尚未形成

汉语言文学专业属于师范类专业，以培养中学语文教师为目标，但具体到每门课程对实现"培养中学语文教师"这一目标所做的贡献，任课教师则不太关心，换句话说，很多老师只管"过程"，不管"结果"，只管"过程的实施"，不管"结果的评价"。在目前的实际教学过程中，对学生就业情况以及从业后的教学情况关注较少，尚未形成根据社会评价和反馈，来调整自身教学的机制。因此，具体每门课程需要学生掌握哪些运用相关理论知识的实践能力，很多教师其实并不太清楚，其实践内容和考核要求的设定更多地来源于自身的经验，进而使实践教学不能很好地起到真正提高学生实践能力的作用。

三、师范专业认证背景下实践教学体系的构建

根据目前实践教学存在的问题，遵循师范专业认证中"以学生为中心，产出导向，持续改进"的教学理念，将实践教学扎实地植入到相关课程体系中，逐步构建适合师范专业特点的实践教学体系。

在对近五年毕业生从业情况进行调研的基础上，长治学院制定了汉语言文学专业的培养目标，即培养适应时代发展与社会需求，德智体美劳全面发展，热爱教育事业，具备扎实的汉语言文学专业素养、较强的语文教学与研究能力，具有良好的心理素质、创新精神与终身学习意识，能胜任初级中学及相关教育机构语文教学、研究及教学管理工作，并有发展潜力的优秀语文教师。同时，在对晋东南地区的初中教学现状进行调研的基础上，并围绕"师德规范、教育情怀、学科素养、教学能力、班级指导、综合育人、学会反思、沟通合作"八大毕业要求，制定了毕业要求的具体指标点。对照师范专业认证的要求，在确定的培养目标和毕业要求中都涉及了"学科素养、教学能力"方面的要求，而这些要求的达成在一定程度上离不开扎实、系统的实践教学，因此，在师范专业认证的大背景下，构建实践教学体系迫在眉睫。在多方调查的基础上，我们构建了科学规范的实践教学体系，包括三大体系：实践教学实施内容体系、实践教学质量监控体系、实践教学平台建设体系。

（一）实践教学实施内容体系

实践教学实施内容体系包括校内完全实践、"校内理论＋实践"、校内实践活动、校外实践活动等四个部分。

校内全部实践课程主要集中在教师教育平台和实践创新平台上。教师教育平台上主要包括"普通话训练、三笔字训练、中学语文教学技能训练"等培养教师职业技能训练的实践课程，并由普通话测试员、有书法专长的教师、中学语文教学法教师担任主讲教师，实践创新平台上主要包括毕业论文、经典背诵、专业写作等训练专业学科素养的实践课程。"普通话训练、三笔字训练、中学语文教学技能训练、经典背诵、专业写作"，合称为"315"实践教学模式。

学生职业技能训练的主要任务有三项：说好普通话、写好两笔字、讲好语文课。中文系在一、二、三年级分别对以上三项基本技能进行了强化训练。普通话训练方面：一年级开设普通话训练课，开学前两周集中时间首先对学生入学时普通话情况进行考试，对学生的语音面貌——声韵调掌握情况和朗读会话情况做全面的摸底了解，然后针对学生的方言习惯归类分组，对学生在普通话方面存在的问题进行有针对性的强化训练。一年级下学期进行演讲和模拟电台、电视台节目主持人进行专项训练。

三笔字训练方面：在二年级开设有针对性的写字课，主要包括粉笔字、毛笔字和钢笔字的训练。二年级的第一学期主要讲授和训练钢笔字，第二学期主要讲授和训练粉笔字。一学年每周一个课时，共 34 个课时，主要向学生介绍汉字基本笔法的书写规范，同时向学生介绍一些著名书法家的风格特点，指出学生在平时的楷体和行楷体书写中容易犯的一些不被觉察的错误。同时，每周布置六篇作业，老师对其都做了细致认真的检查，由此来督促学生练字的意识和提高学生书写的水平。

教学技能训练方面：三年级开设教学技能训练课，主要目的是为了进一步提高学生运用现代化教学手段进行教育教学活动的能力。此项工作分四步走：首先，在备课、写教案、讲课等教学环节所需一般基本技能方面对学生进行基础训练；其次，对学生教学技能，即导入的技能、提问的技能、结束的技能、板书的技能等方面进行具体训练；再次，对学生的语言表达、课件制作、教态、处理课堂突发事件等方面进行更高层次的技能训练；最后，对学生在教学经验的总结积累、课程标准与教材的分析以及教学原则、方法、技能的应用等学科理论知识方面做专题介绍。

经典背诵是在文化自信的背景下结合我系人才培养目标和方案设置的一门具有特色的自选课程。经典背诵根据学生的学习实际，配合中文系的专业课程设置，从中国经典作品中挑选出四百首（篇）经典诗、词、文作品进行闭卷考试。该课程共分四级，每级背诵的经典量在 100 首（篇）。要求学生必须达到二级标准，鼓励学生考过四级，上一级没有通过者不得越级考下一级。

对于实践内容和实践方式而言，每门课根据自身实际情况，并参照毕业要求的相关指标点进行设定。比如"普通话训练"这门课主要支撑"教学能力、沟通合作、学会反思"三个毕业要求，据此，普通话训练的实践内容主要包括单字音训练（包括声母训练、韵母训练、声调训练）、双音节词训练、轻声词训练、朗读训练、说话训练；实践方式是将学生团队训练与教师指导相结合，充分调动学生自主训练的积极性，这门课的实践内容可以支撑"教学能力"，实践方式可以支撑"沟通合作"，整个课程在实施的过程中都需要学生不断地练习（每天给老师发三分钟的语音录音、每天听一篇朗读范文、每天给室友说三分钟话），在训练的过程中不断反思、提高，体现了"学会反思"。

"校内理论＋实践"课程主要集中在专识教育平台和教师教育平台上，这部分课程所涉及的实践内容主要用于对课程理论知识的运用，除了涉及专业核心课程外，还包括学科课程与中学语文教学的衔接课。

加大专业核心课程中实践的比例，贯彻"以学生为中心"的理念，运用讨论、合作探究等方法能够调动学生自主学习的积极性和创造性，将被动地"听"转化成主动地"讲"。比如，文学类课程加大了经典原著的文本细读和整本书阅读的实践，语言学类课程加大演讲、口语表达、寻找病句、社会用字调查、方言调查等语言理论知识运用的实践，写作类课程加大学生对不同文体的写作训练，同时教师要给予相应的批改和指导。对于衔接课如"古代汉语与中学语文教学""文学与中学语文教学""文学批评与中学作文批改"等，这些衔接课程中所涉及的实践部分都与中学语文教学密切相关，针对性强、指向明确，能够帮助学生将专业理论知识与中学语言教学实践有机联系起来，提高其专业理论知识的运用能力。专识教育平台和教师教育平台课程的学时和学分占比较大，在这些课程中增加实践教学课时数，老师和学生都意识到实践教学是渗透到每一门课程中的，每一门课程的实践教学都与其教师职业技能相联系、都与毕业要求相关联，通过长期的训练，学生的专业素养和教学能力都会得到很大的提高。

校内实践活动和校外实践活动主要集中在实践创新平台上。校内实践活动主要集中在与专识教育平台课程和教师教育平台相对接的实践活动上，如与语言学类课程相衔接的"语言学类课程实践教学成果汇报会""汉字听写大赛"等，与教学法类课程相衔接的"未来教师技能大赛"，与文学类课程相衔接的"'白鹭原'文学作品创作大赛""人文知识竞赛"等。校外实践活动主要集中在实践创新平台上，主要包括实习、见习、各种学科考赛、创新创业、社会实践等活动。

在每个部分都要拟定相应的实施方案，从实践内容、实践方式到实践考核指标等都要有具体的说明、计划和总结，并经系教学指导委员会论证通过后方可实施。

（二）实践教学质量监控体系

实践教学质量监控体系包括实践教学质量监控小组、实践教学质量监控标准、实践教学质量评价机制三大部分。

实践教学质量监控小组由系教学督导委员会成员、教学秘书、办公室主任构成，主要负责对各种实践教学活动进行有效监控，同时为学生各类实践教学活动提供必要的条件保障和给予相应的支持。

实践教学质量监控标准要贯彻"以学生为中心、产出导向、持续改进"的精神内涵，根据五年内毕业学生的状况为标准倒逼实践教学质量监控标准，同时根据现有实践内容、实践方式的不同而设定相应的指标。质量监控标准主要涉及实践教学大纲设置的可操作性、实践教学目标与毕业要求达成度的一致性、实践教学内容与毕业要求的支撑度、实践教学时数分配的合理性、实践教学方式的多样性、实践教学学生的参与度、实践教学教师是否给予适度的指导、实践教学考核的科学性等项目。

实践教学质量评价机制旨在鼓励教师积极进行实践教学，增强实践教学意识，并付诸行动，同时也激励学生积极参加实践教学活动，在实践中巩固理论知识。实践教学质量评价机制主要涉及学生对实践教学的满意度、同行对实践教学的满意度、评估组对实践教育的满意度、教师自身对实践教学的满意度。

（三）实践教学平台建设体系

丰富的实践教学活动离不开好的实践教学平台。对于师范专业，教师技能训练需要一定的实训场所，即教师口语训练室、书写训练室、教法训练室、案例分析室、模拟讲课室等，这些实训场所为师范技能训练提供了有力的物质保障。同时，加强校地的长期合作，在中学建立长期稳定的校外实习见习基地，数量充足的校外实习基地是实践教学的重要保障。这不仅可以解决在校生的实习见习问题，同时也是我们了解中学语文教育现状的重要阵地。

实践证明，从形式到内容全面、系统的实践教学体系的建立不仅是师范专业认证的要求，也是提高师范专业教育教学质量的必然要求。

第六节　师范专业认证背景下遗传学课程建设实践

根据教育部印发的《普通高等学校师范类专业认证实施办法（暂行）》等文件精神，在"学生中心、产出导向、持续改进"的基本理念下，目前部分高校已通过或正在逐步推进师范类专业认证工作。《中学教育专业认证标准（第二级）》中明确指出课程内容要吸收学科前沿知识，引入课程改革和教育研究最新成果，并能够结合师范生学习状况及时更新、完善。课程的实施要依据培养方案中的毕业要求制定课程目标和教学大纲，教学内容、教学方法、考核内容与方式应支持课程目标的实现。

在当前师范认证背景下，以产出为导向的人才培养体系对生物学课程提出了新期待、新要求。如何结合师范生学习现状及时更新、完善课程内容，达成师范生培养目标和毕业要求是当前迫切需要解决的问题。

遗传学课程是高校生物科学（师范）专业的必修专业基础课，主要讲授遗传学的基本概念、基本原理、基本规律和基本研究方法。这是一门帮助学生了解遗传学发展历史、进展及对人类生活的影响，逐步树立生命观念的课程，亦是一门培养学生运用所学知识探讨、阐释遗传学现象，通过动手实验解决实际问题、发展理性思维的课程。作为当代生命科学的核心和前沿学科之一，遗传学既包括孟德尔遗传、连锁遗传、遗传重组与作图等经典遗传学内容，同时又涵盖基因表达调控、表观遗传学及基因组学等现代遗传学前沿知识；作为一门理论性与实践性都很强的学科，遗传学既有大量的遗传学基础概念、原理及规律需要学生掌握，同时也有相关遗传学实验供学生动手操作，强化其对理论课知识内容的理解。

近年来，关于遗传学的教学改革主要集中在实验教学部分，如重新规划具有师范特色的遗传学实验课程大纲，采用翻转课堂、开放实验、虚拟仿真等教学手段进行遗传学实验教学，并取得了一定的效果。而关于高校遗传学理论课教学改革，特别是与师范专业遗传学教学相关的研究相对较少。重庆师范大学生命科学学院主要通过建设普通师范院校遗传学教材，对教材内容选择、教材特点、知识体系的编排、教材的表述方式等几方面进行探索，以便更好地满足普通师范院校培养人才的需要。内蒙古师范大学生命科学学院也通过整合、优化遗传学教学内容、更新和补充新进展、采取灵活教学手段精心组织教学以及合理使用多媒体辅助教学等手段，对高校遗传学理论课教学改革进行了实践探索。上述研究都取得了一定的成果，但目前高校遗传学课程建设及教学仍存在一些问题，针对这些问题本节提出了以下建议。

一、遗传学课程体系建设仍需加强

作为一门快速发展的学科，遗传学新成果、新进展不断，教学课时却在减少。以笔者所在高校为例，遗传学理论课由原56学时减为现在的48学时，而教材内容则新增了"表观遗传学概论""行为遗传学概论"等内容，课时减少与内容增加之间存在矛盾。同时随着当代生物学的发展，生物学各个分支学科相互融合、相互渗透，导致遗传学与普通生物学、微生物学、基因工程、基因组学、生物信息学等课程在教学内容上存在重复。因此，改革遗传学课程内容体系，精简、优化并整合课程与教学内容显得刻不容缓。

当前，许多高校已将生物学多门课程进行整合与优化，打破原有的课程体系，促进不同课程间知识的融通与衔接，走向"课程群"教学体系。而以遗传学相关课程构建遗传学课程群的研究还相对较少。因此，当前亟须加强遗传学课程群教学体系的建设，构建包括遗传学与普通生物学、微生物学、基因工程、基因组学、生物信息学在内的课程集群，理顺课程群内先行课和后行课间的关系，协调修订好各门课程的教学大纲。在突出各门课程教学侧重点的同时，删除不必要的重复内容，对整体结构进行优化，真正实现课程体系的简而精，并在有限的教学时间内达成课程培养目标和毕业要求。

二、遗传学教学内容仍需与中学教育紧密结合

高校师范专业遗传学课程内容，一方面需选用优秀教材，紧跟当代遗传学进展，吸收前沿知识，做到仰望天空；另一方面要与中学生物学教学内容紧密结合，将高中生物学内容，特别是必修二《遗传与进化》内化到高校遗传学教学中，避免学生所学专业知识与实际中学教学内容相脱节，做到脚踏实地。然而目前遗传学有国家级农林、医学类规划教材，尚无专门面向师范专业的教材可用。因此，这就要求高校教师在教材内容上要有所取舍，做到详略得当、重点突出，做到学有所长；同时在教学过程中要紧密联系中学教育，让师范类学生学有所用。笔者所在高校采用戴灼华主编的第3版《遗传学》为教材，在教学过程中重点讲授传递遗传学、遗传重组与作图、基因组及变异三大部分知识，知识点覆盖人教版《遗传与进化》中第1—6章内容，尽量让学生有充足的知识储备以应对毕业后的中学生物学教学。

此外，高校与中学遗传学教材中概念的表述并不完全相同。中学教材中遗传学概念简洁易懂，往往更加注重各种相关概念之间的联系，这更加有利于知识间的迁移，使学生能够建立各个章节的知识结构体系，便于学习与记忆。比如教材在介绍"分离定律"与"自由组合定律"概念的时候，就在概念的表述上提及了"减数分裂"，这样不仅使概念解释得更加清晰易懂，而且有利于教材前后知识的迁移以及整体结构的建立。而大学遗传学教材中概念在表述方面则比中学遗传学教材的概念更加专业化与科学，如在介绍"伴性遗传"时引入了"连锁遗传"这一概念，在定义"基因"的概念时更是将其结构与功能联系起来，而不仅仅是像中学遗传学教材中只从基因的本质这一角度出发去定义，这都使概念的表达更加科学与准确。因此对师范专业学生的培养，一方面要注重基本概念、基本原理及基本遗传规律的传授，扩展其知识面广度和深度，另一方面要把课程知识与高中生物实际教学有机结合起来，为其毕业后从事教学工作提供保障。

三、遗传学教学方式仍需多样化

虽然翻转课堂、开放实验、虚拟仿真等教学方式已部分应用于遗传学实验教学，但理论课教学主要以课堂讲授为主，教学方式较为单一。适当引入慕课、微课、爱课程等线上教学资源，利用好学习通、腾讯课堂、腾讯会议等线上教学软件进行线上教学，可作为线下教学的有机补充。合理利用翻转课堂，如将遗传因子的发现、孟德尔遗传规律及实质、伴性遗传、基因突变等中学已学知识点交由学生组织上课、评课，既可加深学生对上述知识点的理解，提高教学效果，亦可在实践过程中锻炼其教学能力，促进职业发展。此外，在遗传学实验教学中引入与合作学习相关的教学理论与方法，让学生以小组为单位预习实验，在实验过程中提出问题，充分交流后解决问题，可以培养学生理论联系实践的能力，加强学生团队精神，提高学生的实验创新精神和科学探究精神。

四、遗传学教学理论与实践结合仍需加强

遗传学这一门兼具理论性与实践性的学科，许多原理规律背后都有其完整的实验结果作为支撑。以笔者所在高校为例，共开设24学时遗传学实验课，学生需要开展植物有丝分裂、减数分裂、果蝇单因子杂交、伴性遗传、三点测验、基因互作等8个子实验。上述实验可帮助学生理解遗传的细胞基础及孟德尔和连锁遗传规律等理论课内容，但对基因突变、细胞质遗传、染色体数目变异等理论课内容仍缺乏实践认知。依托学院的经济作物遗传改良与综合利用湖南省重点实验室实验田，可在理论课授课间隙带学生进行参观和实习，让学生对遗传学理论知识有较好的直观认识。如通过对植物突变体的观察，让学生认识到基因突变与表型的关系；通过对白菜、甘蓝、油菜的观察，让学生了解染色体数目变异的遗传效应；通过对细胞质不育系花粉育性的观察，让学生加深对细胞质遗传学的理解等。

五、遗传学教学评价仍需多元化

当前，基于产出导向的师范专业认证，教学质量不仅要在学校内建立保障体系，如通过教学督导听课、学生评课、学院查课等方式对课程教学进行内部评价，还需建立外部多元社会评价机制，引入中学、培训机构、科研机构等师范生

用人单位，集中反馈问题，提出对遗传学课程教学的要求，便于持续改进。同时，对毕业后从事中学一线生物学教学工作的学生进行定期回访，通过访谈、问卷等形式反馈意见，将高校遗传学与高中生物教学更好地衔接、融合，形成"评价—反馈—改进"闭环，以利于遗传学教学的持续改进和师范生人才培养质量的不断提升。

师范专业认证是高校师范专业面临的一次大考，把握好课程建设要求、建设方向尤为重要。遗传学作为生物学经典学科，需要在认证评估过程中促进课程建设。在以产出为导向的前提下，遗传学课程体系需要更为系统，课程内容应更加贴合中学教育，加强理论与实践的结合，教学方式应多样化，评价体制需多元化，由此才能符合中学教师专业标准，支撑师范生毕业要求达成。

第三章　师范教育的理论研究

第一节　新学制与师范教育

新学制草案里所规定的师范教育有六种：一是三年普通科三年师范科的六年师范教育，二是招收初级中学毕业生学习之三年师范教育，三是四年的高等师范，四是大学的师范科，五是相当年期的师范讲习所，六是高级中学职业科里附设的职业教员养成科。高等师范和师范讲习所大概依照旧制。第一和第二两种是依据"三三制"的办法定的，中学校得兼办师范科是适应本年中学校设立师范组的趋势定的，大学师范科是适应近年大学设立教育科的趋势定的，职业教员养成科是适应近年职业教育的需要定的，这几点都很受我们的欢迎。但就全部看起来，新学制草案之师范教育段有几个缺点，可以商榷。笔者先提出几条普通原则和师范教育的现状来讨论，然后再看师范教育段的缺点究竟是哪几种，并应该如何去修正。

一、教育界要什么人才，就该培养什么人才

教育界所需要的人才可分四种：一是教育行政人员，二是各种指导员，三是各种学校校长和职员，四是各种教员。我国自办师范教育以来，无论高等师范、初等师范，只顾到第四项，只是以造就教员为目的，对于教育行政人员、指导员、校长和职员的训练都没有相当的注意。虽然师范学校里面有管理法、教育法一类的功课，但是很不完备。开通的省区有时也为办学人员开短期的讲习会，但无系统的研究，无相当的材料，无继续的机会，故不能使他们得充分地修养。大家都以为这种职务可以不学而能，人人会干，无须特别的训练，更无须科学的研究。结果只好把他们交付给土绅士和小政客去办理。中国学务不发达的原因固多，但是教育行政办学指导人员得不到相当培养也是个很重要的原因。所以笔者主张，

凡教育界需要的人才都应当受相当的培养。我们教育界需要什么人才，即须造就什么人才。我们应当有广义的师范教育——虽所培养的人以教员为大多数，但目的方法并不以培养教员为限。

再进一步，就培养师资而论，现在师范教育的功效也是迁就的、片面的。

试看国内的高等师范，他们对于培养中学校和师范学校的教员，毫无分别。难道师范学校里所要的各科教员，可以和中学校一样吗？这是高等师范最迁就的一点。

初级师范大多数设在都市里面，毕业生所受的教育不能应济乡村的特别需要，他们饱尝都市幸福的滋味，熏染都市生活的习气，非到逼不得已时，决不愿到乡下去服务，于是乡村学校的师资最感缺乏。补救这种缺乏的方法就是所谓的师范讲习所。但是这种师范讲习所，我们不以正式学校看待它，所以因陋就简，办理不能适当。总之就中国现在所办的师范教育而论，城里的人叨便宜，乡下的人吃大亏。我们要乡村教员，就应培养乡村教员以应济乡村的特别需要。

再进一步，就培养都市教员而论，现在的初级师范教育也有应该斟酌的地方。初级师范毕业生的是很愿意做高等小学的教员，他们在国民小学里做教员，似乎是不得已的。初级师范对于初等小学和高等小学教员的养成很少分别。目的不分明，所以办法也很笼统，高等小学和初等小学都不免有所迁就。近来师范学校内也有采分组制的，这是为高等小学应济需要的一种办法。山西于民国八年设立大规模的国民师范学校，专以培养国民小学教员为目的。由这两种趋势看来，高等小学教员与初等小学教员的养成似乎应该有些分别。

总之，教育界要什么人才，就该培养什么人才。教员之外，教育界还要什么人才，就该培养什么人才。教员的种类有因学校等级分的，有因市乡情形分的，也有因学科性质分的。我们要什么教员，就须培养什么教员。

二、教育界各种人才要什么，就该教他什么；要多少时候教得了，就该教他多少时候

如果因为种种情形一时教不了，就该把必不可少的先教他，以后再找机会继续地教他；到了困难渐渐的解除之后，就该渐渐地看那必不可少的学识技能之外还缺什么就教他什么，还缺多少就教他多少；时期的长短都依这种情形酌量伸缩。这条很明显，可无须举例。最难的是进一步的分析的工夫。究竟一位县教育局长、市教育局长、中学校长、初级师范国文指导员、高级中学理化指导员、小学校长、

前四年的小学教员、幼稚园教员应当学的是什么？要多少时候学？如果一时不能学了，究有什么可以缓学？可以缓学的究需多少时间才能补足？笔者以为这种分析的手续没有办到之先，若想定各种人员养成的时期总是勉强的。我们最需要这种分析的手续，但不能立刻办到，笔者姑且提出来作为继续共同研究的起点。

三、谁在那里教就教谁。若想把教育办有成效，必须依据实际情形

我们试把眼睛打开看一看，实际上究竟有哪几种人在从事教育？大学堂的毕业生、专门学校的毕业生、高等师范的毕业生、中学校的毕业生、初级师范的毕业生、实业学校的毕业生，甚至从高等小学出来的科举出身的先生，都是实际上在那里操教育权。除开高等和初级师范的学生外，其余的几乎是完全没有受过特别训练的。他们既在那里实施教育，自有受训练的必要。论到教师所能受的训练，学校出身与科举出身的教师，当然不能一致。

科举出身的教师现在还是很多，恐怕十年之内他们的数目不能大减。南京现有私塾五百六十余所，广州私塾千余所，塾师多由科举出身，在他们势力下的学生各以万计。笔者以为既有这许多科举出身之人实际上在那里操纵儿童的教育，我们决不能不设法使他们得些相当的训练。因为谁在那里教，就该教谁；塾师在那里教，就该教塾师；一天有塾师，即一天要训练塾师如何改良。

论到未受训练的学校出身的教师，笔者姑且把那些从专门和实业学校里出来的除开，专论从大学、中学、高等小学出来的教师。

大学校出来的毕业生或学生（包括国立、教会立、私立）除入政界、商界、实业界服务或留学外，多到中等学校里去充当教员。这些人当在大学肄业的时候，有好多已经发现充当教员的动机了。如果学校乘他们未毕业之前，给他们些关于教育上的训练，必定是很有效力的。

中学校的毕业生除升学的和闲在家里的外，大多数是在那里做教员。笔者相信中学毕业生充当教员的当不下三分之一。这两年来，笔者曾提议在中学里设师范科。现在已有几处在那里试办。有人说：中学里没有相当的环境、设备和附属小学，若设师范科，恐怕将来出来的毕业生一定没有师范学校里出来的好。这或者是不错的。但就事实论，我们不能拿师范学校的毕业生来和中学师范科的毕业生比；我们所应该比较的是未受训练的中学毕业生和中学师范科的毕业生。总之，中学毕业生是不是在那里教人？是。受过训练没有？没有。要不要训练？要。好，设师范科。

　　高等小学出来的学生，有好多在那里做国民小学教员。开通的地方少些，越到内地去越多。笔者不但主张在中学里设师范科，笔者并曾主张高等小学末年亦得设师范课程。也有人反对说：现在师范毕业生程度已嫌太低，我们何能教十三岁左右的高等小学毕业生去做教员？笔者也请大家只需在事实上着想。第一，实际上高等小学的毕业生要去做教员的并不止十三岁。第二，我们要看实际上有没有高等小学毕业生在那里做教员？如果没有，或是太少，当然无须。如果有的，当然要训练。相当的训练是有益无损的，是断乎有胜于无的。笔者再举一例，假使一个人家有两个孩子，大的在高等小学里做学生，小的在家里没有人教，左近也没有国民学校可进。在这种情形之下，我们应当怎样？是任小孩子失学呢，还是叫大的孩子每天放学回家教他？当然叫大的孩子教他。大的孩子能不能教？能。如果高等小学里曾经教他怎样教人的法子，这大的孩子是不是更会教些？当然更加会教。这大的孩子受过训练后，有没有初级师范毕业生教得好？当然没有。那么怎样不请初级师范毕业生来教？请不起，这样经济得多。笔者并不是主张各个地方都是教高等小学程度的学生去做教员，也不是主张一个地方是永远应该如此的。大概教员的程度应当取渐进主义。本地各种情形进步到什么地位，师范教育的程度亦宜提高到什么地位。时候未到而不肯降低和时候到了而不知提高是一样的错误。

　　总之，实际上在那里从事教育的人的种类，是师范教育一个很重要的指南针。这些人一来要求办师范教育的人给他们补先学识的机会，二来暗示办师范教育的人说："像我们这一类的人后来陆续出来做教员的还不在少数，你们应该预先去培养他们。"

　　照上面所提的普通原则看起来，新学制草案之师范教育段，有下列应当注意的点：

　　一、师范教育段，是不敷学制的需要的。师范教育段只有高等师范学校（与大学师范科同）和师范学校（毕业期限与高级中学等）两等；学制上所规定的学校有小学、初级中学、高级中学等级，故师范教育段不敷学制上各学校对于人才之需要物级中华族高等师范规定四年，不敷学制上各学校对于人才之需要。

　　二、高等师范规定四年，师范学校规定六年毕业，觉得太呆板，并没有逐渐提高的机会。如果把教育界各种人才所需要的学识技能分析之后再来规定年限，笔者觉得那时规定的年限，决不像这样一致。

　　三、最低的师范教育令十二年毕业。依中国现在的情形来看，十省有九省够不上这个标准。就最开通的省份也有好多区域是够不上这个标准的。若专靠师范讲习所来救济，那么就不以正式学校看待他，结果必不能圆满。所以现在的师范教育有低下一格的必要。

四、高等师范入学之资格、毕业之程度既与大学同，适宜以单科大学称呼它。因为这种机关不止培养师资，简直就可称它为教育科大学。那设在综合的大学里面的就叫它为大学教育科。

五、师范讲习所的目的应该定得清楚。既是辅助义务教育的临时办法，它的宗旨就宜以训练未受学校教育人员充当教员为限。那受过学校教育的人要做教员，就叫他们依据程度去进相当之师范学校。

六、职业教师之培养专在高级中学职业科里面规定，也觉得呆板。

七、学问是进化不已的，从事教育的人应当有继续研究的机会，故师范补习教育亦应占一位置。

依据上面所说的，笔者对学制草案之师范教育段要提的意见如下：

一、初级师范以培养小学前四年之教员为目的，招收六年的小学毕业同等学力的来校学习，修业年限一年以上。初级中学能设师范科者听。

二、中级师范以培养六年的小学的后二年与高等小学（如高等小学不完全取消）教师为目的，但同时得培养小学办学人员，招收六年的小学毕业同等学力的来校学习；修业年限四年以上，前期为普通科，后期为师范科。

三、中级师范学校得办完全科或专招初级中学毕业同等学力的学子，教以相当时期之师范教育，高级中学得设中级师范科。

四、兼办初级、中级师范的学校，称为初、中两级师范学校。

五、高级师范以培养地方教育行政人员，初级中学同等程度之办学人员、指导员、教员为目的；招收高级中学毕业同等学力的来校学习，修业年限三年以下。

六、教育科大学以培养教育学者、教育行政人员、学校行政人员及高级中学同等程度之指导员、教师为目的。修业年限四年以上。（现在高等师范学校最宜改良的是内容和方法，增加年限而不改良内容和方法是无益的。如能改良内容和方法，就不增加年限也无妨。先去改良内容和方法，有余力时，再增加年限，似是解决这些问题的顺序。）

七、大学得设教育科及高级师范科。

八、教育研究院修业年限一年以上，招收大学毕业生研究。

九、幼稚师范学校可独立设置，或附设在其他师范学校内。

十、师范讲习所以训练非学校毕业人员充当教师，并以继续补充他们的学识技能为目的，期限不定。

十一、各种师范学校得设师范补习学校，以继续补充学校出身教师的学识技能为目的，期限不定。

十二、为推行职业教育计化，大学实科及高级中学的职业科内得附设职业教员养成科。但教育科大学、高级师范和中级师范内能培养职业师资者听。

总之，学制是要依据社会个人的需要能力和生活事业本体的需要定的。师范教育一面是为学制上各种教育准备人才，故要顾到学制上的需要；一面是一种事业，自然又要顾到它自己本体上的需要。上面对于各种师范教育所拟的年限虽是很可活动的，但还是假定的办法。笔者很希望研究师范教育的同志，早些把教育界各种职务所需之学识、技能、详细分析，再会合起来，看他们究竟要几多时候可以学得会、学得好。如果社会的财力人力和个人的境遇一时不能使我们透达圆满的目的，我们也可依据所分析的结果，拣那可缓的，留到后来陆续补充，以后再随社会个人能力的增进，逐渐地去谋提高和改良。

第二节　高校师范教育改革与发展

党的十九大报告把深化教育改革作为办好人民满意教育的重大举措。习近平总书记在全国教育大会上对教师队伍建设提出了新要求。2018年1月，《中共中央国务院关于全面深化新时代教师队伍建设改革的意见》提出，"教师是教育发展的第一资源，是国家富强、民族振兴、人民幸福的重要基石"。随后，教育部等五部门印发的《教师教育振兴行动计划（2018—2022年）》明确提出，"深入实施'卓越教师培养计划'，建设一流师范院校和一流师范专业，分类推进教师培养模式改革"。中国特色社会主义进入了新时代，新时代赋予了高校师范教育何种"新"意？作为师范教育的主体，应如何厘清自身的"新"责任与义务，如何抓住机遇与挑战，探索师范教育内涵式发展之路，回归师范教育本真，培养时代所需的"新"教师？本节试图以相关教育政策为中心展开考察，从国家导向与人民需求的层面明确高校作为师范教育主体承载的新期许，从"供求"关系的角度解构义务教育对师范教育提出的新需求，在明确时代使命与现实需求理论分析的基础上，考察目标导向下高校师范教育改革的着力点，继而立足我国高校师范教育发展的实际，结合成功案例与经验，探讨未来高校师范教育内涵式改革与发展之路。

一、新时代高校师范教育改革与发展的角色重塑

"为谁培养人""培养怎样的人"是高校师范教育改革首要回答的问题。在新时代，国家与人民对公平而有质量教育的追求驱使高校师范教育坚守"师范性"定位，为其指明前进的目标。义务教育对师范教育提出培养"德育为先、能力为重"教师的现实新需求倒逼高校师范教育应时而变。

（一）坚守"师范性"，追求公平而有质量的教育

在风雨飘摇、社会动荡不安的历史沉浮中，救亡图存成为仁人志士的共同目标，"教育救国"成为知识分子群体达成的共识。在今天，教育的张力得到进一步延展，成为造福人民的事业。教育的个人价值得以彰显，通过教育获取知识，进而提升与改变自身生活质量，乃至改变个人命运，是新时代赋予我们的坚定信心。因此，正如《中共中央国务院关于全面深化新时代教师队伍建设改革的意见》所指出的，随着我国社会主要矛盾的转化，人民已不再满足于受教育，而是迫切追求公平而有质量的教育。义务教育作为基础教育，其质量事关亿万少年儿童的健康成长，事关国家发展，事关民族未来，是与千家万户紧密相连的。一直以来，提高教师队伍建设水平都是义务教育必须直面的问题。作为关系义务教育质量的核心资源，教师的质量直接影响义务教育的质量，教师资源的配置是追求公平教育的关键砝码。在"教育事业（政府）—教师教育（高校）—教师队伍（高校＋基础教育）—人才培养（基础教育）"循环式上升的结构中，按照层创理论，上层假使没有下层做原料，上层便是不可能的。高校作为基础教育教师队伍的培养者，其培养的教师的质量直接影响义务教育教师队伍的整体质量，可以说，没有一流的师范教育，就没有一流的基础教育教师队伍，就无法满足人民对公平而有质量教育的追求。因此，发挥师范教育的主体价值，不忘初心，牢记使命，引领与服务基础教育的目标，切实提高高校师范教育质量，培养优质的师资，发挥调节优化资源配置的功能与价值，改善教育资源配置不均衡的现状，追求公平而有质量的教育，保障人民走向美好生活，是新时代推动国家教育事业迈向更高层次的目标追求，是人民群众的美好期待，是国家与人民赋予师范教育的新时代使命。

（二）回应基础教育"以德为先、以能为重"的新需求

师范教育不仅是基础教育的引领者，同时也是基础教育的服务者。在新时代，基础教育提出培养"以德为先、以能为重"内外兼修的高素质教师的新诉求。这一需求在国家政策中的具体体现如下。

一是重视师德建设。《关于全面深化新时代教师队伍建设改革的意见》指出，"把提高教师思想政治素质和职业道德水平摆在首要位置"。《教师教育振兴行动计划（2018—2022年）》指出"落实师德教育新要求，增强师德教育实效性"，为师德建设提供了行动指南。《关于深化教育教学改革全面提高义务教育质量的意见》（以下简称《意见》），该《意见》以习近平新时代中国特色社会主义思想为指引，再次明确提出要按照"四有"好老师的标准，建设高素质专业化教师队伍的新要求，为新时代师范教育师德建设提供了契机。有理想信念、有道德情操、有扎实学识、有仁爱之心的"四有"好老师，德是好老师的根基，信念和学识是好老师的枝叶。根基牢固，才能枝繁叶茂。正所谓"学高为师，身正为范""桃李不言下自成蹊"，只有唤醒教师内心的真与善，她才能忠诚于自己的事业，做人类灵魂的导师。师德建设成为新时代师范教育面临的首要课题。二是秉持以实践能力培养为导向的人才培养观，为基础教育培养"下得去、留得住、用得上、干得好"的"四有"好教师。《意见》中明确了新时代基础教育对教师的新需求，此《意见》中对教师能力的要求正是以教师的基本功训练、作业设计能力、家庭教育指导能力等教学实践能力为导向的。这为高校师范教育在教学方式、课程设置等方面的改革指明了方向。

二、新时代高校师范教育改革与发展的内容向度

高校师范教育改革是一个复杂的工程，任重而道远。如何在改革浪潮中，把钢用在刀刃上，避免盲目推进。党和政府颁布的相关教育政策不仅为高校师范教育改革指明了奋斗的目标，亦为高校师范教育改革指明了着力点。为进一步明确高校师范教育改革的内容，对《中共中央国务院关于全面深化新时代教师队伍建设改革的意见》《教师教育振兴行动计划（2018—2022年）》《教育部关于实施卓越教师培养计划2.0的意见》中关乎高校师范教育改革的内容，借助质性分析软件NVIVO 11进行文本分析。在熟读理解相关教育政策的基础上，进行开放式编码，并进行编码归类与整理，构建父子节点。编码越多，该节点所占面积越大，表明党和政府对相关高校师范教育改革内容的要求越明确、越重视。

三、新时代高校师范教育内涵式改革与发展之路的构建

当下是最好的时代，师范教育要肩负培养高素质教师人才的重任，以国家政策对师范教育的强大助力为支点，撬动"公平而有质量的教育"的美好愿景，积极回应基础教育提出的新需求，着力进行协同育人、实践内容体系构建、师德养成教育、信息技术与教学改革，使自身独具的师范性落地，探索新时代具有中国特色的师范教育内涵式改革与发展之路。

（一）厚植"立德树人"，以文化人

"立德树人"，在新时代师范教育中的改革与发展中，是当下高校师范教育对长期以来"培养什么样的人"的问题的新回应，是培养社会主义事业的建设者、接班人必经之路，亦是对大学育人之本的回归。

教书育人不仅是传授知识的过程，更重要的是培养学生养成正确价值信念的过程。"对学生进行道德教育，要求他们听报告，是必要的，因为这样才可以端正他们的思想认识。但必须继续使他们见诸行动，养成习惯。"将思想政治教育贯穿到教育教学全过程是十分必要的。一是思想政治教育具有科学性，将思想教育工作同教育教学相互渗透，与其他学科紧密结合，方能做到真正的教书育人。天津职业技术师范大学将思想工作与学科教学融合推进，建立导师团队实施学科教学全程育人模式，加强学生综合素质的提升，以课内外活动为载体，加强引导和指导，强调学生对非智力因素的培养，提高学生在政治思想、道德水平等方面的综合素质和能力。甘肃民族师范学院以思政课程为统领，推动课程思政和专业思政教学改革，构建"三全育人"大格局。二是弘扬红色文化。红色文化是中国共产党、人民军队和广大人民群众在长期的革命实践活动中，由红色基因逐渐孕育、生长、传承而形成的持久延续的价值观念，是中国共产党人精神与文化的象征。红色文化是革命先烈用自己的智慧与生命为我们留存的宝贵精神财富，是支撑与激励我们不断奋斗前进的薪火，传递与弘扬红色文化的内在教育意义与价值，培育教师坚定的政治方向，是历史的传承、时代的创新。各高校结合区域优势，发挥红色文化在师德培养过程中的浸润作用。江西师范大学充分发挥江西红色文化资源，积极开发红色资源校本课程，加强师范生思想道德、教师职业道德和信念教育。伊犁师范学院坚持以"用胡杨精神育人、为边疆固边服务"主题教育为抓手，把红色文化和胡杨精神融入人才培养全过程。山东师范大学充分挖掘沂蒙精神，培育师生敢于担当、乐于奉献的精神品质。三是发挥榜样示范引领作

用。"向师性"是学生群体的特征，"学生都喜欢模仿他所尊敬的人，他有一种切盼以他所尊敬的人自居的心理，从而感到一种内心的愉快"。培养具有高品质的教师，教育者要以身作则为学生树立良好的榜样。正所谓"学为人师，行为世范"，江西师范大学在师生中开展"师德报告会""寻访最美乡村教师"等主题活动。河北师范大学开展"立德树人模范教师"评选活动，启动"一日一星"名师宣传，促使学生"德业双修"。

（二）调整学科专业布局，回归与聚焦教师教育

学科结构是大学生命力的彰显。学科专业调整始终是高校的永恒话题与实践探索，无论是传统专业的解构、消失，还是朝阳专业的兴起，都反映出高校学科专业调整是伴随社会发展需求、技术进步进行的调整。大学治理有效运转关键在于通过不同权力主体或权力机构间权责的分配合理推进。伯顿·克拉克（Burton R.Clark）在分析高等教育系统时，曾基于"国家权力—市场—专业权威"提出了三种高等教育模式——国家模式、市场模式和专业模式，建立了非常经典的高等教育系统分析"三角协调模型。""三角协调"本身是一个稳固的结构，然而在实施的过程中，却造成行政干预、市场化与学术自治间权力机制失衡的弊病。具体而言，前两者过度干预与介入造成高校自治权缺失，进而高校学科专业调整失去自身特色与自主意识。当前，在国家推进"双一流"建设的背景下，实施"管办评分离"保障高校进一步落实自治权，为学科专业调整创生了孕育自身特色的弹性空间。高校学科专业的设置、调整既是对高等教育资源的利用，也是优化利用高等教育资源的具体行为，而核心之一是谋求特色，必须围绕特色设置学科专业。师范大学，教师教育为本。走内涵式发展之路意味着摒弃传统的求大求全的思维，突破过度受制或依赖于政府、市场的局限，寻求立基于自身特色与使命的质量与结构优化，坚定不移地回归、重塑、聚焦教师教育。一方面，在学科专业布局调整的过程中，需始终秉持自身教师教育特色的定位与目标，防范师范大学综合化倾向，紧抓"双一流"学科建设、师范专业认证的发展契机，不忘初心，回归与加强教师教育学科专业建设，保持其发展的稳定性与活力。顺应时代发展趋势，积极回应社会及基础教育对教师教育提出的新需求与新挑战，适时调整，从而赋予教师教育鲜活的生命力。如云南师范大学把强化教师教育特色作为学校深化综合改革的关键抓手，推动学校内涵式发展，推进"双一流"和高水平大学建设。首都师范大学牢牢把握首都师大姓"师"的办学定位，调整优化师范专业结构。积极推进师范生数量、质量的双重提升机制。因时而变，正在积极申报书

法教育、人工智能两个新师范专业。显然，各高校在学科专业调整方面，更加注重内涵式发展，以自身办学特色与定位为核心，以积极主动的姿态进行学科专业调整。另一方面，一流学科的建设离不开一流的师资，师范生成为"四有"好老师也离不开教育者的精心栽培，根据学科专业发展调整教师的学历、职称、年龄、学缘结构，坚持外引与内生相结合，打造呈正态分布的理想型教师队伍是赋予学科活力的必经之路。山东师范大学不断强化"人才强校"战略，以制度创新推进师资队伍建设，强化人才引进、培养、考核、晋升等方面的分类管理，根据教师所在学科特点及其学术研究工作属性，修定和完善学校相关评价标准，构建"擅长做、适合做、愿意做、做得好"的师资队伍体系。南京师范大学根据教师教育跨学科和实践性强等特点，着力打造专业学科、学科教学论、教师素养以及中小学名师构成的教师教育师资团队。

（三）构建以能力为取向的课程体系，重视通识课程的育人价值

以提升教师实践能力为诉求，构建符合自身定位，满足基础教育需求，培养卓越教师为目标的课程体系，是高校师范教育改革的关键步骤。

一是以教学为抓手，优化课程体系，将实践能力取向渗透到课程设置、教学实施的整个环节之中。实践教学环节是激发与培育师范生创新能力的关键环节，然而也却是课程体系中的薄弱环节。高校师范教育课程体系应突出教学能力培养，在通识教育与专业教育的基础上完善师范生知识架构，发挥校外实践基地、教学示范中心的实训功能，通过指导师范生参与教育见习、教育实习，以一线参与的方式培养与内化其基本教学能力，提升学生的教学实践能力。事实证明，教育见习或教育实习是将教育理论应用于教育实践、实现两者有机结合的重要方式。通过教育见习、教育实习能够促使学生在理论课程学习中积极思考现实问题，在教育见习、实习过程中能够寻求理论指导，发现理论与实践之间的弥合，将教育理论内化为自身的知识结构。二是重视通识性课程的价值与作用，培育学生全面发展离不开通识课程，高校师范教育课程改革在重视教学实践能力的同时，要重视通识课程在培育学生健全人格方面的功能，丰富学生的知识、能力与情感体验，增强社会适应力，进而培养全面发展的人。如山东师范大学强化教师教育特色，构建了通识教育课程、创新创业教育课程、专业教育课程、实践教学环节"四位一体"的模块化课程体系，紧密结合中小学教学实践，将教师技能训练、教育见习、教育实习与教育理论学习有机集合起来，实现理论与实践的有效整合；江西师范大学构建了"通识教育＋专业教育＋教师教育"为主题的三大课程模块，

并在教师教育方面获批国家级大学生校外实践基地、国家级教学示范中心；河北师范大学坚持创新实践能力培养，强化师范生从教技能培养，健全"全过程贯通、课内外贯通、校内外贯通"的"三贯通"实践教学体系。可见，重视实践课程的能力培养价值、有效整合专业课程与通识课程，减少人为知识割裂，寻求知识间的关联性与一体化，以全体性视角对待事物，培养人的"整全性"是各高校实施师范教育课程改革的着力点。

（四）培育多元协同发展共同体，实现人才培养一体化

多元协同发展共同体是实现高校、地方政府与中小学校三者有效沟通、资源共享的重要路径。这是一个集责任、意识与共享于一体的生命共同体，既要保持自身主体独立性，保障自身发展，又要促进主体间合作，在协商合作中打破传统教育自上而下供需之间"断层"的藩篱，探寻师范教育生成与发展之道。2007年，东北师范大学率先实施"高校—政府—中小学校"协同合作的师范教育新模式，现已取得显著成效。中共中央、国务院颁布的《关于全面深化新时代教师队伍建设改革的意见》提出，"实施教师教育振兴行动计划，推进地方政府、高等学校、中小学'三位一体'协同育人。"正所谓"国将兴必尊师而重傅"，高校师范教育承载的是国家赋予的时代使命。在这一架构下，与空间范畴而言，每一所高校的师范教育都是当地师资力量的关键性输送者，不仅要发挥引领作用，同时也肩负服务重任。与基础教育关系而言，高校师范教育不仅是基础教育师资的培养者，同时高校师范教育也是基础教育教师的职后培训者。基础教育不仅是师范教育的直接受益者，同时也具有反哺师范教育的作用。基础教育教师能力的缺陷及在职进修需求倒逼师范生培养体系的优化。与政府关系而言，高校不再是教师教育独立唯一的主体，政府作为主体给予政策支持与财政保障，实现共生、共赢、共进。经过十余年的探索，实践证明该模式是新时代推进师范教育的有效路径，实现了理论与实践、职前与职后的有效融会贯通，各高校相继探索实施。云南师范大学基于云南基础教育发展的实际情况，在人才培养、教师教育研究、教师教育师资队伍建设、教师教育实践基地建设等方面，构建"大学—地方政府—中小学"系统培养机制，探索边疆民族地区教师教育振兴发展新模式。首都师范大学在师范招生、专业实习、就业等方面与津冀联手，共同打造一体化发展模式。甘肃民族师范大学积极探索校校合作、校企合作、国际国内合作等育人机制。总之，无论是"三位一体""四位一体""五位一体"的合作育人机制，还是跨学科、跨校、跨国的合作培养，各主体需厘清各自的权责关系，绘制共同的发展愿景，制定协调一致的行动框架，才能达成合作默契与共享共赢，实现高素质人才一体化培养。

（五）与时俱进，深度融合信息技术

当前，信息技术对教育产生的显性正向影响日趋明显。《关于实施卓越教师培养计划2.0的意见》指出，"要深化信息技术助推教育教学改革，推动人工智能、智慧学习环境等新技术与教师教育课程全方位融合"。"个性化学习"是"有质量"教育的下位需求之一，信息技术的快速发展，打破了教师垄断知识的局面，课堂不再是学生学习的唯一渠道，使得个性化学习、终身学习、多元学习成为可能。信息技术与师范教育深度融合不仅是基础教育对教师信息教学能力的新要求，更是大势所趋。信息技术以其高效、便捷的优势，渗透进教育教学的方方面面。教师是否认可、运用现代化信息技术，受教师观念的影响。一方面，高校教师必须以积极开放的心态接纳信息技术，将其作为教学的有效支持，作为目的与手段的统一体，而不是简单的辅助工具。只有教师以身示范，重视信息技术的重要作用，才能引导师范生正确对待信息技术，提升自身信息技术素养。另一方面，要提高信息资源的利用效度，变革教学范式。在相关教学理论指导下，统合师范教育教学改革与发展的需求以及信息技术的优势，抓住"互联网＋"为师范教育带来的新机遇，与时俱进，积极变革，促进教学走向开放、双向互动的统一。借助相关平台开展混合式教学、微课等新型授课方式，建构多元、立体、跨越时空限制的课程共享资源。以信息化为助力，利用云计算、大数据等信息技术开展参与式、探究式、交互式课堂教学方式改革，催生新时代民主和谐的师生关系。西北师范大学通过推进教师教育信息化环境及信息化平台建设，大力推进教师教育信息化进程。试点推进"互联网＋"师范院校支教模式，实现师范生对中小学课程教学的远程直播观摩学习。海南师范大学积极推进教师教育信息化建设，以"互联网＋"实施教师在线培养和学习，促进教师终身学习和专业发展。加快信息技术融入教学，鼓励教师设计、开发数字化教育资源。南阳师范学院充分利用网络平台的课程资源，扩大学生自主学习空间和课程资源，全面提升师生信息素养。显然，各高校顺应时代发展，已经意识到教师教育信息化建设的重要性与可行性，正在积极探索信息技术在课程资源建设、教学方式变革等方面的渗透路径。

教育可以兴邦，在教师教育改革的浪潮中，时代赋予高校师范教育改革和发展新契机和挑战，国家相继出台各项政策保障高校师范教育的主体地位，高校师范教育承载人民对公平而有质量的教育需求的美好愿景，需要将思想政治教育、师德教育摆在优先位置，积极进行能力为重的课程与教学改革，顺应时代所趋，努力寻求信息技术与教育教学的融合，与地方政府、基础教育学校之间通力合作，为培养"四有"好老师不断探索实践。

第三节　大学承担师范教育责任的原因

从历史的发展来看，大学起源于中世纪欧洲的教师和学生行会，师范教育则是 17 世纪末工业革命和国家普及义务教育的产物；从职责来看，大学主要是传承知识、培养人才、进行科学研究、为社会服务的组织，而师范教育仅仅承担着培养合格以及优秀的小学、中学教师的职责。

近年来，师范教育在教育科学研究方面的重要贡献也不可忽视。随着社会的发展，师范教育逐渐开始走向变革，趋势之一就在于师资培养渠道的非师范化趋势，主要表现为大学开始承担了师范教育的责任，与专业的师范院校并行，为中小学源源不断地培养一线教师的后备军。那么，大学从中世纪发展到今天，为何逐渐开始承担起了师范教育的责任？是师范院校开展师范教育局限性的必然要求，还是大学自身发展的必然发展趋势？这种变革出现的原因值得我们思考。

一、必要性

师范教育的发展需要大学来提高教师的专业地位和学术水平。

在师范教育发展之初，它的工作内容主要是为初等教育培养师资，实行经验式传授的学徒制，"徒弟"对"师父"的教学方式进行模仿学习，并开展教学实践。随着社会对素质发展的要求越来越高，初等教育已经不能满足社会发展的需要，而师范教育在中等以及高等教育方面的师资培养又略显吃力，此时的师范教育则迫切需要来自大学的学科专业和科学研究的支持。

近代以来，一些国家和地区盛行一种独立的师资训练机构，它们通常会为那些在职教师或一些想成为教师的人提供几周或几个月的短期培训，训练内容主要是基本的教学法。由经验丰富的老教师进行教学示范，并将自己在教学中得到的经验与方法传授给那些新教师。这种培养教师的模式具有十分明显的弊端，教师拥有较强的教学专业属性，而学科专业属性却十分薄弱。教师只知道如何教，却在教学内容的深度上有所欠缺，或者教师只自身掌握了学科知识，却没有加以建构转换成学生易于理解与接受的知识，这样，即便教师教学技巧再高超，也难以达到最佳的教学效果。而在中国的基础教育学校里，所需要的教师正是能够在学校中至少从事一门学科教学的教师。在这种情况下，就需要大学来提供学科专业以及科学研究方面的支持，以弥补教师学科专业方面的不足。

二、重要性

（一）大学在师范教育方面能够获得政府的经济支持

从师范教育设立之初，师范教育就由于其自身的特殊性，常常由国家和政府直接管理。大学如果参与了承担师范教育的任务，要想达到较好的效果，就必然要付出大量的人力、物力、财力，那么，这些在教师的职前培养或者职后培训中所付出的资源成本、时间成本以及造成的经济损失自然应由政府买单。大学在教师培养中所获得的政府财政补助，又支持了大学科研工作等的开展，促进学科水平的提高，从而为新一轮的教师培养贡献新鲜的血液。

（二）大学通过帮扶师范教育的方式来间接服务社会

大学的设置及发展以服务社会为根本目的，它的直接任务是传承知识、培养人才、进行科学研究，它的最浅层次的表征在于对医生、律师、记者、科学家等专业人员的培养，而在触及社会根本的对儿童的初、中等教育方面却无能为力。与此同时，初、中等教育对教师水平的要求却越来越高，甚至个别城市及学校要求师范生需要至少达到本科及以上水平。所以，大学在逐渐发展的过程中则开始涉猎师范教育，以培养学科专业过硬的优秀教师来间接服务社会。而大学本身在培养教师方面就具有较强的实力和学科基础。

三、师范院校存在的问题

数据显示，同样是师范专业的毕业生，在求职竞争中，往往一些实力较强的综合类大学的学生比来自名牌师范院校的学生更受青睐。为何师范教育发展到今天，师范院校所培养出的专业性的教师会输给综合性大学培养出来的教师？我们也不难想到，或许是师范院校的学科专业设置或者说是培养模式产生了问题。

在当前的师范教育院校中，我们看到的教师教育情况是：师范院校并没有亡羊补牢，致力于比综合性大学培养出更优秀、更被市场认可的教师，而是一直致力于把自己发展为综合性大学，大力发展学科专业。诚然，这种师范类院校转型为综合性院校的变革确实有其必然趋势。

首先，单一的师范院校已经不适应高等教育大众化的扩张规模；其次，师范教育的发展必然需要学科发展的支持；最后，师范院校的发展必然要脱离单一的、封闭的、独立的轨道，而趋向综合化的发展方向。但是，师范院校需要以培养优秀的一线教师为根本职责与目的，所有的变革、转型均需以这一最高目的为原则，所有举措需让步于优秀教师的培养。

在师范院校发展的过程中，在师范院校争当世界一流大学的进程中，断不能买椟还珠、因小失大、舍近求远，为了综合性大学的牌子而在培养优秀教师之路上止步不前。师范院校必须要始终维持在师资培养方面的领先地位不可动摇，无论是学术研究还是毕业生的求职竞争，决不能让综合性的大学砸了自家的招牌。

第四节　戏剧教育融入师范教育课程

在中国，戏剧有着几千年的历史，从先秦时期的巫觋，再到后来的元杂剧、金院本、京剧等，戏剧都留下了浓墨重彩的一笔，这也验证了戏剧在我国传统文化中占据着不可撼动的地位。通过对戏剧的进一步了解发现，其不仅具有审美功能，还具有一定的教育功能，可以帮助人们树立正确的价值观念，透析爱国、合作、文明、道德等词汇的深刻含义。若将戏剧教育融入师范教育课程中，不论是对学生潜力的挖掘、能力的提升，还是对学校自身的发展，均能起到重要作用。因此，师范院校要充分认识到戏剧教育具有的积极作用，结合课程实际所需进行合理地渗透与实施，从而提高教育教学水平，达到人才培养的目的。

一、戏剧教育概述及其国内外研究现状

戏剧教育是指戏剧方法与戏剧元素渗透在教育教学中，让学生在戏剧实践中达到学习目标和学习目的。戏剧教育是以学生为主体的一种新型教育方式，强调学生的参与，使学生从中感受并领略知识的意蕴，从相互交流中发现可能性、创造新意义。回顾戏剧的起源，不论是中国还是西方国家，都有着较为深厚的历史底蕴，而戏剧教育的诞生，更使得中西方有关学者和专家花费大量的时间与精力进行研究。

对于西方国家而言，戏剧教育有着深远的历史。将戏剧融入教学是法国思想家卢梭（J.rousseau）依据"在实践中学习"和"在戏剧实践中学习"两个教育理

念所提出的，而后美国教育思想家杜威（J.dewey）实践学习论的"渐进式教学"以及赫兹 - 麦恩斯（Hughes mearns）的创造力教学理论的提出，使得戏剧教育在欧美国家掀起阵阵热潮。1930 年，美国戏剧教育家温尼弗瑞德 - 瓦尔德（Winifred ward）根据自身实践编写出版的《创作性戏剧技术》一书提出了"创作性戏剧教学方法"；1950 年以后，以英国为首发展了斯累德（Slde）儿童戏剧教育传统，60— 90 年代，教育戏剧愈发成熟，并形成了 DIE（Drama in Education）和 TIE（Threater in Education）方法。在中国，戏剧教育的初始发展为 90 年代末。1995 年，我国著名剧作家李婴宁等人参加了国际教育戏剧联盟会议，随后李婴宁便出国学习，并将"教育戏剧"引入我国。最初，戏剧方法被应用于企业培训和学校心理辅导中，直到 21 世纪初期，戏剧教育才开始应用到社区活动和幼儿园师资培训中，并在后续的发展中渗透到各个阶段的教育教学中，且获得了良好的教育成效。

二、戏剧教育融入师范教育课程的重要作用

师范院校是培养教育工作者的摇篮，是人才培养的重要环节，是为教育领域输送人才的不二选择。现代教育要求教师不仅要具备较强的专业能力，熟练掌握所属领域的各项知识，还要具备较强的实践、创新、想象、应变等方面的能力，同时要有爱岗敬业，恪尽职守、甘于奉献的精神品质。因此，新时代下的师范教育，要将培养学生的健康品格、善于合作、独立思考视为重点，然后再培养学生的施教能力和综合知识素养。戏剧教育作为艺术教育的重要组成部分，对学生创造性和创新精神、想象力的发展有着重要作用，将其融入师范教育课程中，其重要性是举足轻重的，具体可表现在以下几方面。

（一）革新教育理念，丰富课程内容

教育现代化对师范学生的要求日渐增多，如果师范院校在人才培养上继续沿用传统的培养方式，不仅无法满足实际所需，被动式的教学方式还会禁锢学生的思想，阻碍其各项能力的提升。而戏剧教育的融入，一来可以革新教学理念，改变一成不变的教学方法，使课程内容得到拓展和延伸；二来可以营造良好的教学环境，激发学生的感官，使其产生乐于、愿意学习的欲望，其各项能力和个人素养也会在循序渐进中得到提升。

（二）开阔学生眼界，发展综合素养

苏霍姆林斯基认为，让学生体验到一种自己在亲身参与掌握知识的情感，是

唤起少年所特有的、对知识的兴趣的重要条件。区别于传统教学方法，戏剧教育更能激发学生的学习热情，调动他们的积极性，通过多种多样的戏剧活动，还能提高学生的参与度，开阔学生的视野，丰富其精神世界。而学生具备的多种能力，并非在理论知识或教师的引导中获取的，而是在自主探索、不断实践、勇于尝试中逐渐产生的，这种能力的具备，将会发展学生的综合素养，为其日后工作的顺利开展奠定基础。

（三）发展学生的想象力和创造力

想象力和创造力并非先天形成，而是需要后天的培养，需要在学习和生活中的不断积累。对于师范院校的学生而言，其想象力与创造力的具备，离不开课程教育内容与教师的积极引导。若是将戏剧教育融入课程教育中，学生可以充分发挥自己的主观能动性，凭借自己的想象进行创作，同时在实践中提升创造和想象能力。

（四）培养学生的合作能力

当今社会对各领域的人才需求和要求都逐渐提高，要求其不但要熟练掌握专业技术和基础技能，还要具备较强的合作意识与团队协作能力。师范院校作为培养教育人才的主要场所，学生合作能力的具备，可为其后续工作的顺利开展保驾护航。如何提高学生的合作能力，使其认识到合作的重要性，是学校在人才培养过程中需要重点解决的问题。通过研究发现，戏剧教育在合作能力的培养上有着得天独厚的优势，一台精彩的演出，需要台前幕后的工作人员共同努力，可见戏剧属于一种集体活动，即便一个人的能力再强，也无法肩负所有的任务。在戏剧表演时，教师要通过鼓励和肯定来帮助学生认识到团队的重要性，进而使其养成合作意识，促进团结协作能力的提升。

除了上述作用外，戏剧教育在师范教育课程中的融入，还有助于提高学生的自信心，培养学生的交往能力、沟通能力和审美能力，并且在一场场精彩的演出中锻炼学生的语言表达能力，实现学生的全面发展。

三、戏剧教育融入师范教育课程时遇到的问题

虽然戏剧教育渗透于师范教育课程中具有诸多优势，但在实际的教育教学中发现，戏剧教育在融入过程中存在以下问题。

（一）课程内容难以满足学生的需求

戏剧是一项集文学、表演、音乐、舞台、美术等多门艺术于一体的综合艺术，可以通过演员扮演角色，在舞台上表演故事情节，塑造饱满的人物形象，并通过一个个鲜活的形象揭露社会矛盾，反映现实生活，从而引发观众的共鸣，达到社会教育的目的。基于此，许多教育专家和学者鼓励戏剧教育在教育教学中的渗透，同时将其视为美育教育中的一部分。但从当前师范院校的教学现状来看，许多学校缺少对戏剧教育应有的重视，并未根据戏剧教育的特点进行教学改革，再加上教师资源的匮乏，导致戏剧教育在课程内容上难以满足学生的现实需求。另外，在应试教育的影响下，学生的小学、初中和高中都是在忙碌的学习和紧张的考试中度过的，大部分学生都是步入大学校园后才参加的戏剧活动，他们对戏剧学习有着强烈的渴望之情。可从现阶段的课程设置来看，戏剧内容较为稀缺，课程体系不够健全，戏剧内容只是简单地融入文学教育或选修课中，即便有单独的课程，教师在讲授中也是流于表面，侧重理论知识的讲解，忽视实践课程的具体实施。在这种情况下，即便学生"有心栽花"，可在学校和教师的影响下，"花儿"也难以绽放。

（二）戏剧教育侧重剧本的讲授

戏剧是一门观赏性、表演性较强的艺术表现形式，与声情并茂的说教相比，戏剧更能渲染氛围，调节观众的情绪，并能通过丰富生动的肢体动作直观展现戏剧的主题，使观众一目了然。对于师范生而言，舞台实践的意义要远大于理论知识的掌握。众所周知，师范生是中小学教师的前身，他们走向工作岗位后，需要站在讲台上传授课业，与讲台下的学生进行互动。若想使学生在今后的教学中收放自如，营造良好的教学氛围，就要注重前期实践经验的积累和操作技能的提升。戏剧舞台实践就是一种角色扮演，如果将师生关系带入其中，教师是在舞台中表演的戏剧演员，而学生则是台下与演员进行互动和交流的观众。戏剧教育在师范教育课程中的融入，可以为学生提供一个锻炼胆量、提高表达能力和交流能力的舞台。但从现阶段的师范教育课程来看，教师将侧重点放在剧目文本、理论知识的讲解上，缺少舞台实践，学生难以得到实质性的锻炼。在这种情况下，即便学生掌握了丰富的戏剧知识，在戏剧领域中能够独当一面，但缺少实践的支撑，也于事无补。

（三）戏剧教育形式较为单一

在教育体制改革背景下，虽然教育部明确要求我国各高等院校要结合自身实际情况，努力创造条件，通过开设艺术类选修课程的方式来满足学生多样化需求，但在师资、资金、场地等因素的影响下，使得师范院校开设的戏剧课程形式较为单一，具体表现在戏剧种类较少、侧重理论教学、实践活动的时间和空间局限等。在这种情况下，不仅与戏剧教育融入师范教育课程的理论支持相违背，还会降低学生对戏剧学习的热情和积极性，进而影响教学质量与教学效果的提升。

（四）戏剧专业教师资源匮乏

戏剧教育在师范教育课程中融入的成功与否，除了与学校的重视程度和学生的积极参与有关外，还与师资力量有着直接关系。从目前来看，大部分师范院校存在戏剧专业教师资源匮乏、学校缺少必要的培训等问题。虽然部分师范院校对戏剧教师的要求较低，只需掌握相关的理论知识和实践技能即可，但师资匮乏的问题依然存在。在这种情况下，即便学校准备了充足的硬件设施，投入了大量的建设资金，但师资这一软件力量的缺失也会阻碍戏剧教育的融入进程。

四、戏剧教育融入师范教育课程的可行性措施

（一）立足于学生的需求融入戏剧教育

虽然戏剧教育涉及诸多文学内容，但区别于文学教育，其还包括表演、舞台、导演、美术、舞蹈等形式。因此，戏剧教育融入师范教育课程时，应综合戏剧文学知识和戏剧实践。与师范院校相比，诸如南京大学等高校就十分重视戏剧教育的独立性，在课程设置上使戏剧教育自成一派，其中不仅包括戏剧概论、戏剧经典研究等课程，还囊括了唐诗、宋词、元曲鉴赏，歌曲、话剧实践等课程。对于师范院校来说，在融入戏剧教育时，要善于借鉴南京大学的成功经验，综合自身的实际情况与学生的实际需求，设立具有独特性、艺术性的戏剧课程，同时要注重课程种类的丰富和时间上的合理安排。如此一来，既可以保证戏剧教育在师范教育课程中的融入效果，又能满足学生的学习需求，调动他们的积极性，其想象力、创造力、综合实践能力也会得到逐步提升。

（二）注重理论知识与实践活动的结合

实践是检验真理的唯一标准。对于戏剧教育来说，理论知识固然重要，但如果缺少实践的验证，便难以获得理想的效果。因此，在师范教育课程中融入戏剧教育时，教师不仅要根据剧本详细讲述与之相关的理论知识，列举生动鲜活的案例，还要引导学生以小组为单位结合教学进行即兴创作，按照自己的理解演绎一

场精彩的戏剧。如此一来，不仅可以调动学生的积极性，提高他们的课堂参与度，在剧本创作、节目彩排、舞台呈现等环节加深学生对理论知识的理解和掌握，使其将自己的理解和感悟以戏剧表演的形式进行呈现。另外，在实践活动中，通过小组成员的通力合作，既可以获得良好的教学效果，还能强化学生的合作精神，提升其组织能力、创作能力、现象能力和语言表达能力，进而实现学生的个性化发展。

（三）注重教学方法的多元化

戏剧教育在师范教育课程中的融入需要多元化的教学方法做依托，如果教学方法陈旧单一，将难以达到良好的融入效果。因此，在戏剧课堂中，教师要以教学目标为导向，选择有针对性的经典戏剧片段，如黄梅戏中的女驸马、天仙配，越剧中的红楼梦，京剧中的红灯记，越剧中的朝阳沟等。选取戏剧片段后，教师首先要交代相关历史背景，然后引导学生进行排练，在排练中揣摩人物性格、剧情走向等，并根据自己的理解进行呈现。这样有助于强化学生对戏剧的感悟，加深他们对戏剧的理解和认知，进而树立正确的价值观念。教师除了注重戏剧课堂的开展与实施外，还可帮助学生组建戏剧社团、开展丰富的戏剧主题活动，如戏剧比赛、戏剧知识竞赛等。不论戏剧教育形式如何变化，其主体始终是学生，教师由以往的主导者变为参与者、引导者和帮助者。在这种教学方式下，不但可以愉悦学生的身心，提高他们的文化素养，还能体现戏剧教育在师范教育课程中的融入价值。

（四）提高戏剧师资队伍的综合水平

教师作为戏剧教育的实践者，其专业素养与教学水平的高低，直接影响戏剧教育在师范教育课程中的融入效果。针对当前师范院校戏剧专业教师资源匮乏的问题笔者提出了以下几点建议：首先，加大人才的引进力度。在教育政策改革下，戏剧专业的优秀人才在逐年增加，师范院校应抓住机遇，通过提高薪资报酬、福利待遇等方式吸引人才，并以岗前培训的方式提升人才的适应性，使其尽快熟悉相关工作。其次，优化现有教师知识体系。应教育部和自身发展所需，多数师范院校有一定的戏剧教师基础，但这些教师的教育思想较为传统，难以满足现代教育的需求，因此学校要鼓励教师通过访问、进修等方式学习新知，更新固有的知识体系，养成不断学习的强烈意识。最后，邀请知名的戏剧专家前来授课。戏剧专家在授课过程中，不仅可以激发学生对戏剧的热爱，还能给予教师教学上的帮助和指导，促进教学质量与教学效果的提升。除了上述建议外，学校还可以与当地名气较大、专业水平较高的剧团达成合作，以满足教学上的不时之需。有了学校的大力帮助和教师的努力学习，师范院校戏剧师资队伍的综合水平将会得到显著的提升。

通过本节的论述可得出如下结论：首先，戏剧教育在师范教育课程中的融入，有助于革新教育教学理念，优化教学内容；其次，在戏剧教育的积极作用下，师范教育课程内容实现了拓展与延伸，学生拥有更为丰富的学习资源；再次，戏剧教育渗透于师范教育课程中，有助于提升学生的创新精神、创造能力及合作意识，发展其综合素养，使学生逐步成为一名优秀的教育工作者；最后，戏剧教育的有效融入，可获得良好的教学成效，促进教学水平与课堂整体效果的提升。

第五节　公费师范教育的制度逻辑

作为我国补充优质师资、促进教育公平的重要政策之一，公费师范教育经历了自 2007 年在教育部直属师范大学试点实施的起步阶段；2013 年向部分地方师范院校拓展的完善推进阶段；以 2018 年《教育部直属师范大学师范生公费教育实施办法》（以下简称《办法》）的出台为标志，将"师范生免费教育政策"调整为"师范生公费教育政策"的转型阶段。自 2007 年政策出台以来，已"累计招收公（免）费师范生超过 11 万人"，为我国基础教育输送了大量优质的教师资源，为促进我国教育公平发展提供了有力的人力资源支撑。

但是，在公费师范教育政策实施过程中，不同利益主体之间的价值冲突逐渐显现，一定程度上影响了政策的实施效度。学界已有研究关注任教农村的履约规定与毕业生就业期望之间的冲突，发现农村地区对公费师范毕业生缺乏吸引力，农村地区的生活环境、工作环境及发展前景是部分公费师范生拒绝长期扎根农村的主要因素。就读一流大学的教育福利使部分不乐教的学生，牺牲专业兴趣选择了公费师范教育，学术兴趣与定向就业之间的矛盾也是部分公费师范生毕业后未能长期从教的因素之一。农村生源地公费师范生需要面临在农村接受初级、中级教育，进入城市接受高等教育，返回农村任教的生活轨迹，经历着城乡内在身份变迁的期望与落差，其本质为公费师范生提高社会地位的期望与公费师范教育政策公平旨趣之间的价值冲突。有研究发现公费师范教育的培养模式与用人单位需求之间的匹配度有待提升，在价值引导以及课程设置方面，普通教师教育培养模式未能充分考虑师范生高等教育前的学习经历以及农村地区的教育需求，任教农村的公费师范生面临职前教育形成的知识体系实践适用性不高的困境。概而观之，国家、高校、师范生、用人单位等利益主体之间的潜在矛盾影响着政策的实施效度，但目前少有研究以制度逻辑观照公费师范教育制度场域中各主体间的价值冲突。为实现政策理想与实施效度的真正契合，本节从制度逻辑视角探究公费师范教育的政策意蕴与价值旨归，并以制度逻辑间的协调互补为内在机理，提出有效的改革路径，以期完善公费师范教育政策。

一、公费师范教育的制度逻辑

罗格尔·弗利南德（Roger Friedland）和罗伯特·R.阿尔弗德（Robert R.Alford）提出，社会是一个存在潜在矛盾的制度空间系统，个人之间相互竞争与协商、组织之间有冲突与协调、制度之间彼此矛盾并相互依赖，只有将个人和组织的意识与行为置于社会背景中，以制度逻辑的视角描述并解释行动主体与其所处的社会场域之间的关系，才能理解社会系统中利益主体的行动出发点及冲突缘由。社会场域由不同制度逻辑间的相互作用建构，如家庭制度、市场制度、科层管理制度、宗教制度等。制度逻辑是由社会建构的文化符号、实践形态、假设、价值和信念的历史模式，个体通过这些模式为其日常活动赋予意义，制度逻辑具有符号性和物质性，前者以抽象的概念化意指为表征，后者体现为具象的社会关系与社会实践行为。个体和组织的利益、身份、价值、假设都蕴含在制度逻辑中，成为指导或约束个体与组织行为的潜在行动准则。当多种制度逻辑并存时，制度逻辑间的相互博弈会影响个体与组织的行为，制度环境表征为多重制度逻辑间的相互冲突与整合。个人和组织通过探索和解决不同制度间的潜在矛盾，改变或转换场域内不同制度之间的关系。可以说，制度逻辑是对过度强调能动性的主观主义与过度强调组织权力支配性的组织主义的折中，个人和组织的价值观、行为规范与信念由宏观制度语境形塑，同时其能动性也通过制度逻辑影响组织行为的结果。

制度逻辑为理解公费师范制度场域内各利益主体行为与决策的制度影响因素提供了理论分析框架。通过分析不同制度对各利益主体的影响作用，有助于明晰公费师范教育的价值旨趣与实施效果的制度影响因素。保罗·J.迪马吉奥（Paul J.DiMaggio）与沃尔特·W.鲍威尔（Walter W.Powell）认为强制性（Coercive）机制、模仿性（Mimetic）机制和规范性（Normative）机制是塑造组织场域的三种主要机制，其中，强制性机制以国家权力为主要表征，模仿性机制主要表现为应对不确定性而主动提高竞争优势的行为，规范性机制强调高度专业化。艾略特·弗雷德森（Eliot Freidson）明确提出影响制度运行的三种制度逻辑，包括治理逻辑（Bureaucratic Logic）、市场逻辑（Market Logic）与专业逻辑（Professional Logic）。其中，治理逻辑作用下，场域控制权由以企业为代表的内部管理机构，或以管理公共事业的国家行政机构为代表的外部机构掌握。帕特里亚·H.桑顿（Patricia H.Thornton）将组织逻辑中的外部机构分离出来，称其为国家逻辑（Logic of State），可以说，弗雷德森提出的治理逻辑包含企业内部的管理逻辑与国家行政机构的国家逻辑。本节将迪马吉奥和鲍威尔的制度理论与弗雷德森的制度逻辑体系的内涵进行结合，将其融合为由国家逻辑、市场逻辑、专业逻辑构成的影响组织场域的结构因素的理论框架，从师范生选拔录取、契约培养、激励机制等维度，探究公费师范教育场域内三种制度逻辑作用下产生的价值冲突。

（一）公费师范教育的国家逻辑

运用科层权力规划、分配、监管专业工作是国家逻辑的核心要义，突出政府对劳动力资源的再分配作用。公费师范教育强调政府在教师资源的吸纳、培养与分配中发挥主导作用，蕴含着国家逻辑支配下自上而下的制度设计内涵。

1. 公平诉求：师资均衡配置的目的旨趣

美国教育哲学家约翰·罗尔斯（John Rawls）认为"正义是社会制度的首要价值"，公平是国家教育制度设计的重要价值取向，而教育公平是实现社会公平的重要路径。瑞典教育家托尔斯顿·胡森（Torsten Husen）认为教育公平主要包括个体起点公平、过程公平以及结果公平。公费师范教育政策统筹规划教师培养，均衡配置教师资源，充分发挥国家逻辑规划、分配专业人才的作用，努力实现三个维度的教育公平。

起点公平主要是指学生入学机会的平等。自高校扩招政策实施以来，农村和城市地区学生接受高等教育的机会均有大幅度增加，但是农村地区学生进入一流大学的比率明显下降。公费师范教育借助国家政策补偿，破解了有志从教的贫困生无法接受优质师范教育的困境，扩大了经济困难学生在一流院校接受优质教师教育的机会，从教育起点上保障弱势群体在入学机会以及教育质量方面享受教育公平。

教育过程的平等是保证学生获得同等学业成就的重要保障，公费师范教育运用国家逻辑的财政转移支付制度，保障区域、城乡义务教育阶段儿童以及公费师范生的教育过程平等。我国区域间、城乡间的经济发展差距较大，完全依赖市场机制容易导致师资配置结构性失衡，使经济欠发达地区的学生无法享受公平且有质量的教师资源。2019年，全国小学阶段专科及以上学历教师比例为97.3%，其中，城市小学为99.1%，农村小学为96.3%，城乡差距为2.8%；全国初中阶段本科及以上学历教师比例达到87.4%，其中，城市初中为93.1%，农村初中为84.0%，城乡相差9.1%。财政转移支付制度是国家实现公平正义的重要制度设计，旨在促进公共服务均等化，提高公民福祉。公费师范教育对接收公费师范毕业生的中西部地区给予了一定的财政转移支持，将教师资源向中西部倾斜配置，规定"到城镇学校工作的公费师范生，应到农村义务教育学校任教服务至少1年"，以国家宏观调控实现供给侧与需求侧的有效对接，彰显了国家逻辑保证义务教育阶段过程公平的主导作用。为保障公费师范生在接受高等教育过程中的平等，国家对公费师范生的学费、住宿费、生活费予以补免，以国家财政补助排除原生家庭、社会、经济状况等不利因素对其学习过程产生的负面影响，保证公费师范生享有平等的教育资源。

教育结果平等指学生学业成就方面的机会相对均等，国家采取有效措施协助先天家庭教育不力者获得最大限度的学业成就。教师编制制度是国家主导下管理和调配教师资源的人事管理制度，是国家逻辑调控人力资源的重要制度杠杆。公费师范教育以入编入岗的就业机制保障公费师范生的学业成就，补偿公费师范生履约回归生源地及农村任教。国家逻辑利用编制杠杆调配人力资源，保障赋有不利因素的公费师范生的教育结果公平，是为了实现地区间、城乡间教师资源的均衡供应。

2. 政策杠杆：政府干预形成的补偿机制

教育经济学视角下，教师作为教育人力资本及其溢出效应对经济增长有着显著的推动作用，区域间人力资本的流动具有外溢性，对人力溢入方具有正向效应，对溢出方具有负面效应。在区域与城乡经济发展失衡的宏观经济条件下，经济欠发达地区优质生源流向发达地区接受高等教育，毕业后受升迁性社会地位机会的驱动，劳动力进一步向发达地区聚集，加剧了地区间、城乡间师资队伍的差距。国家基于学生间的固有差异，坚持公平原则，对处于社会、经济不利地位的地区或人员进行补偿。

面对学生因社会、家庭、教育等环境因素造成的入学机会不平等的社会现实，国家以公费师范教育为政策杠杆形成补偿机制，杠杆的一端以财政补贴学费、保障就业岗位为动力吸引经济欠发达地区学生迁入城市接受优质的高等教育，另一端以契约监控、保障就业鼓励公费师范生回归生源地，形成"入口吸收—院校培养—出口返回"的培养循环，其实质是对欠发达地区，即人力溢出方人才流失进行补偿。这一行政干预发挥国家逻辑分配人力资本的功能，对市场逻辑配置人才资源形成制衡，引导学生回归生源地就业，补偿人才溢出方的损失，既保障了公费师范毕业生的经济收入和社会地位，同时以优质师资提升基础教育质量，推动生源地的经济发展，形成教育扶贫的良性循环。

3. 契约监控：实现政策目标的制度保障

劳动力市场是实现国家逻辑的重要场域，国家基于对市场需求的了解和把握，对劳动力资源进行优化配置。公费师范生毕业后，受市场逻辑追求自我利益的驱动，会选择就业生态环境好、福利待遇优、职业发展空间大的就业区域。农村地区、艰苦边远地区的外部整体生活环境缺乏吸引力，教师生活待遇、编制标准、专业发展等教育内部生态薄弱，削弱了教师职业的吸引力。公费师范教育政策发挥政府统一调配人才的功能，在高校、地方政府、公费师范生之间建立契约关系，对毕业生的就业去向形成掣肘，以契约培养机制发挥政府优化配置教师资源的干预调节作用。这一履约监控机制一方面利用地方政府对编制供应与岗位需求的了解，以有编有岗的就业保障机制驱动公费师范毕业生履行契约；另一方面，契约培养机制确保优质师资输入中西部地区和农村地区基础教育，保障教师资源的结构性均衡配置。

4. 公费教育：公共教育事业的荣誉定位

随着国家精准扶贫政策以及教育资助政策的不断推进，免费师范教育解决贫困生入学难的政策作用相对弱化。同时，部分社会公众以及学生产生了将"免费生"等同于"贫困生"的认识误区，削弱了师范专业的社会地位，导致优秀生源可能因背负"贫困生"的标签放弃选择师范专业，从而与免费师范教育吸引优秀人才从教的政策初衷背道而驰。多元扶贫政策的辅助以及偏离政策旨趣的认识误区使免费师范教育向公费师范教育的升级成为必然。

与"免费"教育体现国家承担师范生教育成本的逻辑不同，"公费"二字确立了公费师范教育作为公共教育事业的荣誉定位。由"免"到"公"的升级"本质上是公共性的升级，是一种公共责任的定格"。这种公共性一方面反映了政府完全承担师范教育和基础教育成本的国家逻辑，凸显了政府作为师范教育提供主体的公共责任；另一方面强化了师范专业的公共教育属性以及其承担的国家使命，提升了师范教育的地位和荣誉感。公费师范生不再是财政免费资助的扶持对象，而"是神圣的人民的公共教育事业的贡献者，体现了国家对师范生从经济援助到精神尊重的价值转变"。这一升级旨在从国家层面形成全社会尊师重教的价值导向，让教师成为令人羡慕的职业，激发内生性职业信念，引导优秀生源长期从教、终身从教。

（二）公费师范教育的市场逻辑

优化供需机制、提高经济效益是市场逻辑的重要特征。公费师范教育尊重市场逻辑，以"保供应，扩需求"协调教育资源供需配置。以财政资助保障教育薄弱地区的高等教育资源供应，满足农村地区或边远地区学生对优质高等教育机会的需求。利用供需平衡机制，根据各地中小学的实际市场需求与培养单位的培养能力制订招生计划，旨在优化供给侧结构，保证师资供给有效对接当地教育需求。公费师范教育在入口以财政资助形式承担了学生接受高等教育的教育成本，在出口则以入编入岗等措施解决了学生就业的后顾之忧，二者的实质是发挥市场逻辑，以补助教育成本投入与保障就业回报为利益杠杆，引导学生选择公费师范专业，缓解教师资源结构性短缺引发的供需矛盾。

市场逻辑下，所有的交易活动都是有价值的商品交易，自我利益驱动组织与个人行为，利益的获得依托市场竞争优势实现。教师作为市场经济的行为主体，在选择专业和职业时受利益原动力的内在驱使，以自身利益最大化为目标，依据就业收益预期与发展前景决定就业地理空间。依据成就导向理论（Achievement goal Theory），教师的择业动机还受教学成就、学习机会、专业能力提升环境的影响。经济欠发达地区的生活环境以及专业学习发展生态对公费师范毕业生缺乏吸引力。国家逻辑可通过规制市场逻辑引发的不良效应，引导市场主体的经济行为，使其运行有利于公众利益。公费师范教育以毕业出口的契约监控设计对市场逻辑形成制衡，发挥国家在配置教师资源中的主导作用，抑制市场机制引发的师资区域性分配不均，引导学生到基础教育薄弱地区就业，补齐优质师资短板。

（三）公费师范教育的专业逻辑

专业逻辑的核心价值在于如果某一专业工作是专业化的，缺乏专业经验、知识、技能的人便无法掌握。教师职业是专业性工作，具有复杂脑力劳动的特点，需要专门地训练才能掌握。专业逻辑严控入口标准，要求通过专业化考核才能获得专业资格，以保障专业人员的质量。公费师范教育以择优选拔保障生源的高起点，通过财政资助给予师范生入口优惠，实行提前批次录取，对生源的综合素质、职业倾向和从教潜质进行综合考察，择优选拔"乐教、适教"的优秀人才，从源头保障预备教师队伍的专业素质。在专业逻辑框架下，专业人员将工作视为个人成就感与满足感的源泉，而非谋生手段。"免费"向"公费"师范教育的过渡与升级，提升了教师职业的荣誉感，彰显了政策应用专业逻辑的信念驱动，以职业价值激活并强化优质生源的从教意向。

具有专业知识和技能的机构是专业逻辑发挥作用的重要依托，专业逻辑自身没有强制权力，其权力实施由国家逻辑赋予。公费师范教育制度将培养师范生的工作委托于部属师范大学等专业化教师培养机构，旨在依托其专业的教师教育培养机制，为公费师范生培养搭建优质的专业平台，以高质量的培养体系和教育资源保证教师人才输出的专业性。

提高专业质量是专业逻辑的重要符号性特征，教师专业发展是持续提升其专业性的重要进路。完整的专业发展包括功能性发展（Functional Development）和态度性发展（Attitudinal Development），其中，功能性发展关注教师专业能力的提升，而态度性发展关注教师专业态度的转变，二者缺一不可。公费师范教育政策注重入职阶段的新入职培训、岗位胜任能力培训，入职后将公费师范生在职培训与国培计划、省培计划等职后教育模式结合起来，以提升职后教学实践能力促进教师功能性发展。此外，公费师范生按协议履约任教满一学期后，可免试申请攻读非全日制教育硕士专业学位，学历提升需求满足了教师意识到教学的复杂性后，希望进一步提升专业能力的发展愿景。硕士培养阶段注重教师的研究能力，公费师范生的硕士教育可将教师的实践经验与理论滋养结合起来，培养其反思能力、探究能力与研究能力，加深对教师职业的理解与认同，促进其态度性发展。

二、公费师范教育的改革路径

在公费师范教育政策的制定和实施过程中，各利益主体的立场之间存在冲突，具体体现为国家逻辑、市场逻辑和专业逻辑三种逻辑之间的联动与制衡，制度场域存在冲突驱动制度创新，利益主体通过调整主体的行为与资源，改革现有制度，提高政策的实施效度。

（一）彰显国家逻辑，鼓励地方师范院校介入，扩展公费师范教育培养主体

统筹地区、城乡师资均衡配置是公费师范教育的政策旨趣之一，而目前公费师范生的培养单位均为部属或省部共建师范大学，其毕业生多倾向于发达地区或县市级等"高端"就业市场，与回归生源地定向就业、到农村义务教育学校任教

服务至少 1 年的政策契约形成冲突，在一定程度上削弱了鼓励毕业生回流乃至扎根中西部或农村义务教育的政策效应。目前，全国已有 28 个省（自治区、直辖市）实施地方师范生公费教育，但由于各省经济发展水平及地方财政投入差异较大，容易导致地区间公费师范生培养质量不平衡，从而引发地区间师资发展的次生不公平。因此，迫切需要发挥国家逻辑，整合部属师范院校与地方师范院校优势，形成中央财政投入，各类师范院校协调发展的立体多元型公费师范教育体系。

地方公费师范教育在补充农村地区师资、培养全科教师、契合本地师资结构性需求方面优势突出。作为培养所在省份中小学教师的主体，地方师范院校的生源地结构较为单一，多立足本省或邻近省份。有研究指出教师倾向于在与自己出生地距离近的地方、与自己家乡特征相似的区域就职，地方公费师范生毕业后履约回到生源地任教的机会较大。地方师范院校可立足地域特色和地方教育发展需求，结合就业去向分布进行专业建设布局，实现吸纳本地生源、立足本地培养、回归生源地就业的有机串联。通过增加地方公费师范教育试点，扩展公费师范教育培养主体，兼顾顶层设计与地方特色，以中央投入与地方培养为原则，以财政补助赋能地方师范院校发展。侧重发展中西部地方师范院校，充分发挥地方师范院校协调人才供给侧与地方需求侧的优势，突破毕业生定向履约就业难的瓶颈。

（二）突出专业逻辑，实行师范专业认证，保障公费师范教育培养质量

公费师范教育坚持教师教育普遍性与公费师范教育特殊性相结合的项目理念。与普通师范教育相比，公费师范生的培养与就业具有一定的特殊性，毕业后任教城镇学校的公费师范生，应到农村义务教育学校履约服务至少 1 年。当前，公费师范教育面临毕业生不愿扎根农村的困局，针对此矛盾，培养单位可强化专业逻辑，从课程内容和价值理念两方面加强农村教师的教育水平，引导师范生从任教农村中获得满足感与成就感，提升农村教师身份认同感。

公费师范教育可采用在地化教育理念（Placed-based Pedagogy），使学生的学习内容与实践场所的地理位置、居住人群、文化、关切点密切相关。公费师范教育的培养方案和课程设置应具备区域意识，针对不同学生因生源背景和个性差异形成的特殊需求，基于不同地区紧缺薄弱学科的师资需求，基于少数民族地区的特殊语言需求，对课程内容进行差异化调整。农村生源地公费师范生的课程设置应考虑所处地理环境、教学资源短缺、语言问题、贫困问题、留守儿童等农村教育情境。公费师范生只有具有契合生源地需求的知识体系和教学理念，才能在入

职后适应当地的教育语境、满足当地的教育需求，与当地社区、学生等环境要素培养出情感纽带。

师范生对农村义务教育的认知不足、公民意识薄弱，容易加剧师范生对任教农村的负面认知。只有发挥专业逻辑，使师范生具备从事农村义务教育的专业情怀，对农村教育与学生具有认同感，才能引导其毕业履约甚至扎根农村。可以我国高校师范类专业认证为契机，在公费师范教育中引入专业认证，结合公费师范教育旨趣与第三级师范专业认证指标制定培养方案。在价值维度，领会公费师范教育"公共性"的价值意蕴，将"教育情怀"的认证指标纳入毕业要求，以可操作的具象指标培养师范生的教育情怀、公民意识和社会责任感，深刻认识以服务农村教育促进社会公平与正义的崇高价值。这一价值引导有助于从精神层面助推师范生构建并认同教师身份，激发公费师范生的公民意识与责任，激励其履约就业并终身从教。

（三）协调市场逻辑与专业逻辑，健全动态的准入准出机制，完善公费师范教育

专业逻辑要求只有通过专业考核、符合专业标准的人员才有资格从事专业工作。2018 年改革的公费师范生《办法》已建立了公费师范生的准入准出机制。在准入机制方面，《办法》规定"有志从教并符合条件的非师范专业优秀学生，在入学 2 年内，可在教育部和学校核定的公费师范生招生计划内转入师范专业"。这一规定拓宽了公费师范生的入口，但对"符合条件"和"优秀"的规定不够明晰，对此，政策需尊重教师职业的专业标准，设立转入考核科目和考核标准，量化"优秀"程度，坚持公平和竞争原则，使非师范生通过标准的量化考核转为公费师范生。此外，招生计划应发挥市场逻辑的作用，依据师资供求变化趋势灵活调整，畅通准入途径，防止出现因招生计划名额固定出现"有出才有进"的僵化现象。

专业人员对工作的热爱与投入是保证专业质量、发挥专业逻辑的重要符号表征。在准出机制方面，《办法》虽建立了公费师范生的退出机制，但专业选择自由弹性不足。许多学生选择公费师范教育并非是基于专业兴趣，而是受一流院校的入学机会以及财政资助的吸引。部分公费师范生经过一段时间学习后，意识到自身素质不适合教师职业或仍对其缺乏兴趣，这种状态不利于长期的专业投入。若漠视专业逻辑，仍将学生在二次专业选择时捆绑于师范教育，其结果只能是毕业违约或以低职业动机、低专业素质的状态进入教师队伍。政策可给予"不适"

或"不乐"从教的公费师范生更大的退出弹性，坚持权利与义务相统一的原则，在学生通过相关考核并返还资助后转为非师范生。基于专业逻辑的专业投入与专业的自主调节作用，健全准入准出机制有助于扩大公费师范生的补充渠道，以公费师范生与非师范生两种培养形式的互通为桥梁，与公费师范教育以外的教育生态形成有效衔接，给予学生的专业发展更大的空间与灵活性。

（四）协调国家逻辑与市场逻辑，建立类级互嵌考核机制，提高公费师范生综合素养

公费师范生入校时与当地教育部门签订协议，毕业后回生源地就业，省级教育行政部门安排落实任教学校，这一契约监控虽保障了公费师范生的就业利益，但部分学生因就业保障缺乏学习动力，出现学习倦怠、不注重提高自身专业素质等现象，导致毕业生质量参差不齐，与培养优质师资的政策初衷背道而驰。对此，需发挥国家逻辑，统筹协调部属师范院校与地方师范院校，辅以市场逻辑的竞争机制，建立部属"师范大学—省部共建师范大学—省属师范大学"三级培养主体分类管理、"公费师范生—非师范生"两种培养形式互通桥接、"一级—二级—三级"学业考核分级分流的类级互嵌型考核出口机制。

国家可将公费师范教育按部属师范大学、省部共建师范大学和省属师范大学三大类分类管理。可要求省属师范大学公费师范生毕业后原则上仍回生源所在省（自治区、直辖市）就业；部属师范大学和省部共建师范大学公费师范生依据课程成绩、德育表现和实践能力三个维度参加分级考核，依据考核结果建立灵活的出口机制。针对部属师范大学的公费师范生设立三级考核制以及对应的出口通道。考核结果为一级的可在全国范围的中小学择优就业，考核结果为二级的可在生源省份所在地区如东、中、西部地区择优就业，考核结果为三级的回生源地所在省（自治区、直辖市）就业。对省部共建师范大学的公费师范生设立二级考核制以及对应的出口方向，与部属师范大学的二至三级对应，考核结果为一级的可在生源省份所在地区如东、中、西部地区择优就业，考核结果为二级的回生源地所在省（自治区、直辖市）就业。

在宏观层面，这一机制应用国家逻辑宏观调控教师资源配置，统筹各级师范院校，辅以市场逻辑的自由竞争机制，以分级考核为基础，实施差异性定向就业，打破毕业生回归生源地的政策局限，推动公费师范生的区域流动。在微观层面，引入市场逻辑的考核出口制有助于缓解公费师范生就业保障与学习动机之间的潜在矛盾，激发学生竞争意识和学习自主性。同时，实施出口考核制的两类师范院

校中，以财政补贴发挥国家逻辑的杠杆作用，抑制市场逻辑引发的学生选择就业生态良好区域的倾向。考核为一级的学生若选择到中西部边远贫困和少数民族区域任教，国家以奖学金的形式发放补贴，引导并补偿乐教人才的选择，发挥输入性人力资本的正向效应，推动教育均衡发展。

（五）强化专业逻辑，促进专业发展，实现职前培养和职后培训一体化

专业人员对自身工作的自主性是专业逻辑发挥作用的核心，教师专业发展是保证教师专业能力持续提升和实现专业自主的主要路径。新入职培训、岗位胜任能力培训、国培计划等培训模式彰显了国家逻辑的主导作用，教育行政机构负责规划与分配培训资源，培训模式主要是专家向教师的单向传授，以提高教师教学能力及应用能力为导向。这种以方法为基础的技术导向型培训模式忽略了制约教学的社会、文化因素，教师被动接受实践方法训练，缺乏专业自主性。

公费师范教育政策应注重发挥国家逻辑对专业逻辑的辅助作用，以教师主动学习为基础提升教师专业自主性。国家输送财力和人力资源，在农村地区建立活跃的教研组织，搭建以在职教师自主学习和互助学习为基础、教学专家为指导的交流和成长管理平台。反思实践是教师将理论与实践结合，根据复杂多变的教育实践调整自身专业实践行为，提升教师专业自主能力的重要路径。以教师同侪交流、互动、合作、评价、改进为主要内容的专业实践共同体，是教师了解学生学习需求、反思教学方法成效的重要组织形态。此外，城乡数字化条件的便利打破了时空限制，为在职教师共享优质线上学习资源、提高自主学习能力创造了泛在的教育环境。公费师范教育应系统评估毕业生所处的社会语境与教育语境，对就职于经济欠发达地区、地理位置封闭的公费师范生，应利用信息化技术搭建虚拟实践共同体与职业发展平台。同时，建立覆盖本科学段、本科后学段、硕士学段和硕士后学段四个学段的监测体系，从教学知识、道德素养、实践能力、教学效果、科研能力对公费师范生教育成效进行监测，关注其在各个学段的功能性发展与态度性发展，有针对性地调整优化职前培养和职后培训的课程体系。

加强教师队伍建设是我国应对全球化竞争以及全面建成小康社会目标的必然要求。公费师范教育作为我国教师队伍建设的重要举措，彰显了国家逻辑、市场逻辑和专业逻辑的联动博弈和互动互补。在制度逻辑的物质实践层面，公费师范教育政策以专业逻辑为基础，依托优质的教师教育资源培养教师的专业知识与能力；发挥国家逻辑的资源分配作用，不仅能为中西部农村地区输送优质的教师资

源，而且有助于推动生源地的教师专业发展，引领软性教育资源的质量建设。就制度逻辑的符号表征而言，公费的制度设计遵循专业逻辑注重专业质量的要义，以市场逻辑的竞争机制激发公费师范生的学习动力，以公费师范生的师德水平、职业信念、专业质量为教师职业树立标杆；发挥国家逻辑的导向作用，从国家层面赋予教师职业承担公共责任、提高国家竞争力的神圣使命，厚植尊师重教文化，对优秀人才投入教育事业形成精神引领。

保证教师资源的总量充足、质量优良是我国教师队伍建设的专业基础，而均衡师资配置是优化教师队伍结构的重要杠杆。公费师范教育应用国家逻辑均衡配置教师资源，避免了优秀人才聚集于教师资源较为丰富的经济发达地区，阻断了经济欠发达地区的人才流失和教师资源断层，使基础教育薄弱地区的学生在初等、中等教育阶段公平享有优质的教育资源。同时，公费师范教育弱化了家庭等先赋性因素的负面影响，赋予公民平等接受优质高等教育的机会，可以说，公费师范教育满足了公民从初等教育到高等教育阶段对公平且有质量的教育需求。

公费师范教育是一项以教育扶贫推动社会公平的民生工程，其社会价值内蕴在于以教育扶志实现经济脱贫，提高公共福祉。发挥国家逻辑统一配置资源的教师编制制度，保障公费师范毕业后的经济收入，其直接社会效应是助推其家庭实现脱贫，其间接社会效应在于以优质师资推动经济欠发达地区的基础教育发展，阻断因教育资源不足引发的贫困代际传递并防止返贫现象，实现社会公平正义。此外，教育的价值不仅在于其效果涉及经济效率和社会福利，就个体而言，教育使公民在分享文化与参与社会事务中获得自身的价值感与安全感。公费师范教育通过协调制度逻辑间的冲突，不仅使公民公平享有优质教育，并引导其在参与公共教育服务中实现人生价值，满足公民追求美好生活的共同愿景。

第六节　师范教育人才培养特征及优化

长期以来，三年制专科师范教育为我国教育行业，尤其是广大农村地区培养了大批师资人才，为我国教育事业的发展做出了突出贡献。直到今天，专科师范教育仍为我国边远地区、贫困地区、少数民族地区培养输出了大批师资人才。

一、专科师范教育面临的挑战性问题

近年来，随着本科师范院校办学规模的扩大和专科师范生源的萎缩，三年制专科师范教育面临着越来越多的挑战，如办学特色弱化、生源吸引力下降、办学经费投入不足、师资队伍建设滞后等，严重制约着专科师范院校的发展水平。办学特色的不断弱化和生源吸引力的逐年下降，对西部贫困地区专科师范院校的影响尤为明显。

（一）办学特色不断弱化

专科师范教育与专科高职教育"趋同化"发展明显，专科师范教育办学特色不断弱化。教育部将我国高专院校和高职院校列为"高职高专院校"进行统一管理，行政管理制度和院校运行体制基本相同，很多高专学校开设了大量高职专业，高职院校也开设了大量师范专业。加之国家大力倡导高等职业教育发展，国家层面制定的相关专业教学标准和课程标准等教学指导文件都强调"技术技能型"人才的培养，使得专科师范院校从办学定位到办学模式向高等职业教育转型。专科师范教育边缘化、人才培养过程职业化趋势明显，师范特色不断弱化，加之生源质量下滑，对专科师范教育人才培养质量造成了较大影响。

（二）生源吸引力逐年下降

本科师范生对专科师范生就业空间的挤压明显，专科师范教育生源吸引力下降。近二十年来，随着师范教育规模的扩张和时间的推移，各级师范院校为中小学、幼儿园培养了大量师资，除"少边穷"地区，我国大部分地区师资数量短缺的问题得到了极大缓解。师资"数量"问题开始转变为"质量"问题。除了东南沿海地区，很多内陆公立中小学、幼儿园师资招聘时明确要求只有本科及以上学历才能报名。专科师范生的出路主要是面向"少边穷"地区就业和"专升本"继续求学。专科师范教育对优秀生源的吸引力不断下降，加之专科师范院校开始招收很大比例的"中职"升学考试的考生，导致专科师范教育生源质量整体下滑明显，对教学活动和人才培养水平造成一定制约。

（三）人才培养规格与基础教育现实需要矛盾突出

目前，专科师范生主要面向农村中小学就业。因为近年来农村中小学生源加速向城镇转移，加之出生率下降造成的学龄儿童总数下降，使得农村中小学在校生规模急剧下滑，而目前中小学基本按照生师比配备教师。因此，农村中小学在校学生数下降了，教师编制数减少了，但年级总数、教学科目总数没有减少，这就导致一名教师要身兼 3～5 门科目的教学任务，原来的"专业对口"（语文专业教师教语文、数学专业教师教数学等）思想不再适合农村中小学办学实际——农村中小学需要大量的"全科型"教师。传统上很多专科师范教育"继承"本科师范教育专业教学的思想，甚至部分专科师范教育课程体系采用本科"压缩饼干"的办法，只是缩减了课时量、降低了教学难度而已。这种专科师范教育的"专业性"和基础教育师资需求的"全科性"矛盾突出，如果不能很好地破解学生学业成长的"专业性"需求（如继续深造、学历提升等）和未来职业发展的"全科性"之间的矛盾，势必会对专科师范教育办学质量造成冲击。

二、专科师范教育的人才培养特征

为了更好地把握专科师范教育的办学规律，我们有必要结合专科师范教育的办学实际，从办学定位、毕业生就业方向、人才培养目标和人才培养规格等方面界定专科师范教育的人才培养特征。

（一）办学定位

按照教育部 2012 年颁布的中学、小学、幼儿园"教师专业标准"和 2017 年颁布的中学教育、小学教育、学前教育"专业认证标准"精神和相关条款的规定，现阶段我国专科师范教育的办学定位是培养小学、幼儿园教师。结合我国基础教育阶段师资队伍发展需要和毕业生就业实际，目前及未来一段时期，专科师范教育的办学定位主要是为"少边穷"地区培养小学、幼儿园教师，兼顾"少边穷"地区"初中"教师培养，同时为当地私立小学、私立幼儿园（包括沿海发达地区私立小学、私立幼儿园）培养教师。

（二）毕业生就业方向

总体来说，高等院校无论哪种层次和类型，其毕业生的就业方向主要包括继续求学深造、国有企事业单位就业、私营公司企业就业和自主创业四种。专科师范教育毕业生由于"师范"和"专科"的基本特征，其毕业生就业方向主要是"专升本"求学、公立中小学幼儿园就业、私立教育机构就业和自主创办教育培训机构等。第一，"专升本"继续求学。近年来，为了满足专科层次毕业生学历提升、就业形势和高等教育发展需要，教育部不断提高专科毕业生"专升本"比例，2020 年普通"专升本"比例达到应届毕业生的 20%。因此，1/4 以上的专科师范毕业生可以选择继续求学深造。第二，公立中小学、幼儿园就业。尽管专科师范教育的办学定位主要是培养小学、幼儿园师资，但由于当前"少边穷"地区师资紧缺，专科师范教育毕业生除满足公立小学、幼儿园师资需求外，还大量输送到"少边穷"地区公立初中学校。第三，私立教育机构就业。专科师范毕业生除选择公立中小学、幼儿园就业外，还有很大比例毕业生到当地或发达地区私立小学、幼儿园和各类教育培训辅导机构就业。第四，自主创办教育培训机构。从毕业生就业情况来看，有一部分专科师范毕业生选择自主创业，创办各种艺术学校、辅导学校或私立培训机构。至于考取公务员资格、面向非教育行业创业等其他的就业方向，不是师范专业办学定位和人才培养的主要目标，在毕业生中所占比例也极低。

（三）人才培养目标

专科师范教育主要培养小学、幼儿园教师的办学定位是由当前教育行业专科层次师资需求趋势决定的。教育部2012年颁布的"教师专业标准"提出了"师德为先""学生为本""能力为重""终身学习"的中小学幼儿园教师基本理念，并从"专业理念与师德""专业知识""专业能力"三个维度构建教师胜任能力和专业素质要求。教育部2017年颁布的"师范专业认证标准"建立了师范教育认证的三级标准体系，事实上是将师范教育专业人才培养目标划分为"合格"教师培养和"卓越"教师培养两个层次，并将人才培养目标"一践行三学会"（践行师德、学会教学、学会育人和学会发展）等四个方面具体分解到毕业要求中。因此，专科师范教育要立足"教师专业标准"，培养和促进师范生专业素质和中小学、幼儿园从业能力的形成。师范教育不仅是知识教学的过程，更是理想信念、情感意志、能力素质的养成过程。

（四）人才培养规格

从办学定位和人才培养目标来看，现阶段专科师范教育主要是培养达到"教师专业标准"的小学、幼儿园"合格"教师，兼顾"少边穷"地区"合格"初中教师培养。但这是理论上的比较"笼统"的阐述，在专科师范教育实际办学过程中，如果仅着眼于"合格"小学或幼儿园教师培养，很难满足师范生发展的需要，也不能更好地实现师范教育的"高"质量。

首先，综合考虑"教师专业标准"对中小学幼儿园教师从业标准的界定，对师范专业人才培养目标与师范生毕业要求的阐述，专科师范教育的人才培养规格应与"师范专业认证标准"中"毕业要求指标点"对接，主要着眼于对"合格"

小学教师或幼儿园教师进行界定，在某些方面可以高于"合格"标准，向"卓越"标准看齐。因为按照"师范专业认证标准"中第三级标准体系（对接"卓越"小学教师或幼儿园教师培养体系），现阶段专科师范教育在有些指标点上很难达到第三级认证标准（也就是说只有部分本科师范教育能到达"卓越"中小学、幼儿园教师培养水平）。当然不能排除专科师范教育在未来能够达到"卓越"小学教师或幼儿园教师的培养水平。

其次，需要明确培养对象的不同对"人才培养质量"的影响。专科师范教育和本科师范教育在培养对象上的不同主要是由生源结构和在校学习时长决定的。一方面是由生源层次决定的，专科层次师范院校生源主要由三校生和无法被本科院校录取的普高生组成，这些学生在"入口"处的知识储备整体上要弱于本科师范院校生源；另一方面是由在校学习时长决定的，本科教育学制至少为 4 年，除去 1 学期教育实习，还有 3.5 年的在校学习时间，而专科教育学制是 3 年，除去 1 学期教育实习，仅有 2.5 年的在校学习时间，用 2.5 年的学习努力追赶 3.5 年的学习水平是不现实的。因此，专科层次师范生是无法在知识的"广博"或"专深"上与本科或研究生层次师范生相比的。所以在知识教学层面，专科师范教育参照本科师范教育进行"压缩饼干式"的教学安排是不可取的，也是不可能取得成功的。

再次，需要明确"合格"不等于"全能"，专科师范教育追求"全才教育"是不可能实现的。一方面，"教师专业标准"和"师范专业认证标准"二级指标的"合格"是通识性的要求，是中小学幼儿园教师从业的最低标准，专科师范教育由于办学条件限制，不可能在所有指标上做到"卓越"，是不可能培养出各方面都优秀的"全能型"人才的。

最后，需要明确分类教育的必要性。从职业生涯发展的角度来看，专科层次师范生未来专业成长主要有"教学型""学术型""管理型"和"创业型"等四种路径。"教学型"对应中小学幼儿园教师，"学术型"对应继续求学深造的学生，"管理型"对应各类教育机构管理人才，"创业型"对应创办各类教育培训、辅导、咨询机构。因此，要实现专科师范教育的"高"质量，在"合格"标准的要求下，至少要按照"教学型""学术型""管理型"和"创业型"等四个方向分类培养师范生特长。

可见，对接"教师专业标准"，按照"知识够用、技能过硬、特长突出、素质全面"设计人才培养方案和组织教学实践，是实现专科师范教育"高"质量的关键。

三、专科师范教育人才培养过程的优化

总体来看，随着我国本科师范教育的长足发展和社会人才需求规格的变化，三年制专科师范教育的生源质量和学生就业都面临着巨大的不确定性，直接导致其发展空间越来越窄。挖掘传统办学优势、优化人才培养过程、凝练办学特色成为专科师范教育生存和发展的基础，也是改善专科师范教育人才培养质量的必由之路。

（一）坚持全面发展的原则

培养德、智、体、美、劳全面发展的社会主义事业合格建设者和可靠接班人，是我国的教育目的，也是各级各类学校的办学宗旨。专科师范教育作为师范教育的重要组成部分，必须贯彻德、智、体、美、劳全面发展的原则，牢固树立"以学生为中心"的教育理念，以造就"有理想信念、有道德情操、有扎实学识、有仁爱之心"的四有好老师为目标，围绕"一践行三学会"确定人才培养规格，坚持立德树人，促进学生全面发展。人才培养规格对应毕业要求，而毕业要求要由课程体系来支撑。在整合优化专业课程的基础上，开齐开足思政类、体育类、艺术类、文化类、劳动类等通识教育必修课和教师教育类必修课，同时开设足够数量的网络选修课程和校内选修课程，供学生根据自己的时间和兴趣特长选择，以保证学生的全面发展。

（二）坚持适应社会发展需要原则

专科师范教育要面向国家、地区基础教育改革与教师队伍建设重大战略需求，依据小学或幼儿园教师专业标准，结合学校办学定位确立人才培养目标。在专科师范教育毕业生的主要就业地区，由于教师编制数限制，不可能每个年级各科目都配备专业对口的教师，1名教师担任多门科目教学的情况比较普遍。为了应对这种情况，在传统专业教育的基础上，为师范生提供"全科性"课程是非常必要的。

（三）坚持实践育人原则

专科师范教育在校教学时间相对本科较少，而专科师范生和本科师范生毕业后求职往往要同台竞争。所以，很多专科院校为了满足学生全面的知识素养教育，不断加大理论教学课时，相应缩减实践教学课时，导致学生动手操作能力、实践能力较弱。因此，寻找理论教学和实践教学的平衡点，构建科学合理的课程体系显得尤为重要。专科师范教育必须以"知识够用、能力突出"为导向，建立通识教育、学科专业教育与教师教育有机结合，理论课程与实践课程、必修课与选修课合理设置的课程体系，完善教育见习、实习制度，注重"三字一话"（或"弹唱画跳说"）等从教基本功培养，加强微格教学与模拟授课指导与实训，促进学生掌握从事基础教育教学工作的基本能力和技能。

（四）坚持突出特色原则

首先，要结合当地基础教育师资需求特点，以"专业＋全科＋特长"为思路调整优化课程结构，突出人才培养的"全科性"和特长教育，增强师范生知识储备的综合性、技能特长的实用性，提高专科师范毕业生岗位胜任能力和可持续发展能力。其次，要遵循教师教育人才培养规律，充分体现基础教育（包括学前教育、小学教育等）师资的人才规格要求，突出师范生自主学习品质和创新思维能力培养，合理分配课堂教学、课外实践和自主学习时间，倡导技能课程小班化、特长课程导师制等教学组织形式。最后，要突出新教学理念的应用和教学方法的革新，合理应用微课、慕课、翻转课堂等线上线下相结合的教学方式，恰当运用案例教学、探究教学、现场教学等教学方法，积极探索多样化的人才培养模式，努力办出专业特色。

专科师范教育必须立足基础教育师资需求的新变化，及时调整办学定位，优化课程体系，完善人才培养过程，努力破解学生学业成长"专业性"需求和未来职业岗位"全科性"需求之间的矛盾，在不削弱传统"专业教育"的前提下，按照"专业＋全科＋特长"的逻辑构建专业课程体系，把德智体美劳五育真正落到实处，提高专科师范生的就业竞争力和岗位胜任能力。

第四章　师范教育的创新研究

第一节　法国师范教育的主要特点

法国是最早创建师范学校的国家之一。1684 年，基督教教士拉萨尔在法国兰斯创立 "基督教学校修士学院"。1795 年，在法国建立的巴黎高等师范学校（ENS）被公认为世界上第一所公立师范学校，其主要目的是培养在法国传播启蒙和革命思想的教师，后来为法国培养了无数的教学和科研人才。20 世纪初，为适应法国的双轨教育制度，师范教育也形成了两条平行的轨道。其中一条是为上层阶级的子弟设立的，从幼稚园到市立中学或国立中学，再到 18 岁取得学位后升入大学或高等专门学校；另外一条是为大众子弟设立的，儿童 6 岁起接受义务教育，从母育学校、初等小学到高等小学。法国的师范教育经历了奠基时期和确立时期，在 20 世纪中叶形成了相对完备的师范教育制度。1989 年 7 月，法国颁布教育根本大法《教育方向指导法》，建立大学师范学院（IUFM，Institut Universitaire de Formation des Maitres），完成了对 "双轨制" 师范教育制度的改革，形成了统一的师范教育制度。

一、巴黎高等师范学院（ENS）的人才培养模式

巴黎高等师范学院（Ecole Normale Supérieure-Paris）是一所主要培养教学和科研人才的高等专科学校，目前所设的科系大致包括：数学及其应用、物理、地球—大气—海洋、化学、生物、计算机信息学、认知研究、社会科学—经济—法学、地理学、哲学、历史、文学与语言、艺术交流、古代科学、科学历史与哲学等。

（一）人才培养模式

ENS 修业 4 年，免收学费，学院没有毕业证发放资格，也没有国家学历证书

的授予权。所以，学生前两年在一所综合性大学注册学习，以获取大学三年级学习文凭和学士学位，后两年在本校教师的指导下准备全国教师会考，通过会考的学生才能获得教师资格。巴黎高师作为集科研与文教于一体的教育机构，其宗旨是"优秀的思维方式"与"优秀的教育机制"结合且相得益彰，为科学工作培养人才，为教育系统和国家行政单位、企业、事业机构输送人才。

（二）办学特色

ENS 一直致力于成为欧洲最著名的高等学术团体。首先，学校小规模的办学特色，要求每年面向全世界各大学只招收 200 名具有优异成绩和鲜明特长的新生；其次，学校为学生和研究人员提供良好的研究环境，包括先进的实验室和藏书丰富的图书馆等。此外，ENS 定期组织学术聚会，学生和研究人员也长期同法国以及国际先进的高等学校保持密切联系和良好合作关系，师生对新知识、新理论的探讨和研究，使得 ENS 的学术氛围非常浓厚。ENS 是一所文、理并行不悖的综合性学校，文理科的综合有助于学生奠定更坚实更全面的文化基础，有利于学生思维空间的扩展和适应能力的增强。

二、法国大学师范学院（IUFM）的课程设置特点

法国大学师范学院（IUFM）的主要目标是：培养拥有扎实的学科知识、教育知识和教学职业能力的教师，增加优质教师的数量以补充教师队伍。其教育理念首先是将不同层次和不同类型的中小学教师培训集中于同一机构，使师范生获得一种共同的教育文化；其次是促进教师的职业化，使之具有高等教育的特点，以吸引更多的优秀青年加入教师的行列。

（一）课程类型

在课程分类上，IUFM 分为必修课程、必选课程和自由选修课程。其中，自由选修课主要辅助必修课程和必选课程。IUFM 的主要课程有：法语、数学、体育、生物、历史、地理—地质学、物理—技术学、造型艺术、音乐、外语等。其中，法语、数学、体育是面向所有师范生的必修课程。

在学习方式上，IUFM 结合了多种学习和教学方式，如分组学习、习明纳（研讨班）等。其中，习明纳是法国高等教育中普遍使用的一种教学方式。主要特点是不拘泥于教材和课本等书面上的刻板知识，鼓励学生和教师一起围绕某些主题，进行资料收集、案例研究等。

在教育培训上，IUFM 包括学科教育培训和普通教育培训。其中，学科教育主要是培训师范生毕业后能够教授的学科内容，而普通教育则是以培养教师的职业素质、职业伦理、职业能力等为主要培训目标。

（二）课程内容

IUFM 的课程内容由学科与教学论教育课程、普通教育课程和职业化实习组成。其中，学科与教学论课程是法国师范教育课程的重要组成部分，主要是对师范生将来所教学科进行系统培训。普通教育主要是指从事教师这一职业所应接受的一般教育，主要指向教师的职业素质和职业伦理，包括教育教学基本知识、教师职业能力、信息和沟通技术等。

（三）职业化实习

职业化实习是 IUFM 教育课程的重心之一，主要帮助师范生了解未来职业的现实情况，为理论学习提供参考，并尝试将自己掌握的有关学科和教学论等知识付诸实践。法国有重学术性轻师范性的师范教育传统，认为一名教师最为重要的是拥有深厚的学科知识，教学技能是"自然而然"的事情。因而，在教师培养中主要强调学科知识教育，较少进行教育专业理论的教学，师范生的教师职业教育以中小学实习为主。

三、法国师范教育的经验

（一）教师专业化

首先，录用高标准和教师资格认证。法国通过提高教师录用标准来提升教师的专业水平和教育质量。在学历上，只有经过三年高等教育获得大学学士学位才能报考师范学院；除此之外，法国对教师的品行也有严格要求，每一个志愿从事教师职业的人，都必须持有"无犯罪行为"的证明。在资格认证方面，拿破仑时期确立的教师会考制度一直延续至今，此后又陆续设立了多种教育教学能力证书资格等级。无论何种教师资格的获取，都要经过相当长时期的培训并通过教育部组织的复杂考试。在法国要谋取一个教师职位，必须经过激烈的竞争考试、全面的专业训练和严格的资格考核，以确保教师的专业水平。

其次，国家公务员地位和优厚报酬。法国教师属于国家公务员，自进入师范学校起，就可以享受国家工资，享有较长的带薪假期。教师的任用、调职、待遇、养老金、生活困难补贴等都由国家统一规定。优先提高那些教育质量较高的教师、在规定课时之外加班的教师、下班后继续辅导学生的教师的工资和奖金。较高的地位和较为优厚的报酬，保障了法国教师的职业地位，及其在社会上受到的认可和尊敬。

最后，重视职业培训。教师是一个专门职业，"师范性"的培养至关重要。法国师范教育将职业教育和普通教育分离，并始终保持职业培训在师范教育中占主要地位。IUFM成立后，师范学院主要负责全部的职业培训。师范学院职业培训主体地位的确立，在很大程度上实现了教师作为专门职业所必须具备的专业素质，是教师专业化的一个重要方面。

（二）教师教育一体化

首先，职前培养和职后培训一体化。IUFM不仅承担教师的职前培养，还负责在职教师的培训和继续教育任务，承担教育研究、教师录用考试的应试指导等工作，实现了教师职前培养和职后培训的一体化。

其次，教育职业训练期限统一。在法国，不论是未来的小学教师还是中学教师，在职前培养阶段都必须接受为期两年的教育职业训练。1989年以前，中学教师的职业训练只有1年，现在和初等教育统一起来，对中学教师的职业知识与能力提出了要高要求。

最后，毕业后获得的学历相同。凡是IUFM的毕业生，都可以获得相当于文学士的学位。中小学教师在学历水平上的完全一致，为提高初等教育教师政治上、经济上、学术上的地位创造了条件。法国建立的教师教育一体化改革体系，反映了法国经济和社会发展对教师提出的新要求，教师教育一体化正在改变法国师范教育的整个面貌。

四、法国师范教育对我国的启示

（一）整合课程内容，突出教师教育的学术基础和专业特性

与法国相比，我国的教师教育在课程设置上存在着重学术性轻师范性的倾向，一些高等师范院校盲目向综合大学看齐，忽视自己作为师范院校所应具备的特点，除了教育学、心理学和学科教学法等课程外，几乎没有别的教育专业课程。因此，我国应重新整合课程内容：增加教育类课程的系统性，使师范生能够系统地学习，掌握完整的教育教学理论体系；提高教育类课程的开放性，古今结合、中外结合，避免单一介绍某种教育教学思想或模式，使学生能够博采众长；开设

人文素质教育课，如历史、艺术、文化、伦理道德等；开设文理渗透课程、学科交叉课程；强化工具类课程，增设语言类、计算机类课程。

（二）重视职业化实习，强化教育实践，培养从教素质

首先，更新教育实习观念，将建设师范教育实习基地作为首要任务予以重视。多次进行实习训练，把单一的实习讲课转变为以实习讲课、班级管理、学习指导、学生心理咨询、学生活动组织和学校管理为内容的全面的教育教学实习，使师范生在教育教学的各个方面都得到锻炼，确保教育实习的效果和质量。

其次，规范教育实践课程。把学校组织的具有教育实践价值的活动纳入教学计划，使师范生能亲身感受教育，逐步培养职业情感和职业责任感，形成专业信念，增强他们对教育事业的热爱。

最后，建立有效的指导机制。为师范生配备专门的实习指导教师，在师范生实习期间，全方位地跟踪实习情况，以便有效地改进实习中的不足，争取师范生在实习期内就能成为一名合格的"准教师"。

（三）提升教师标准，完善教师资格考试制度

目前，我国中小学师资的主要来源是师范院校的毕业生，学生在毕业时只要具备相应的英语水平、计算机水平和普通话水平，就能拿到教师资格证书。毕业生在学科专业知识和教师职业技能方面应达到什么标准没有明确规定，这就容易造成学生学科知识储备和教学职业技能"不对口"。法国每一学年都对学生有明确而严格的考核，即便进入师范院校学习，也必须通过相应的教师资格考试才能进入教师队伍。目前，我国的教师专业标准还不能很好地规范教师的专业知识和职业技能，因此，建立各级各类教师教育课程标准，进一步完善教师资格考试制度非常必要。

第二节　俄罗斯师范教育的发展特色

俄国教育学者 Ardashkin 指出，当前俄罗斯社会转型的成功与否的一个决定性因素就是其教育发展。其中，作为教育体系重要组成部分的师范教育则起到了关键性的作用，因为师范教育的培养目标是优秀的学前和中小学教师，他们通过教书育人进而影响社会的整体发展。因此研究俄罗斯的师范教育，在一定程度上可以了解和把握俄罗斯社会的自身发展。

本节在分析俄罗斯师范教育时，主要探讨俄罗斯师范教育发展的背景与历程，以及与师范教育相关的政策内容，并在此基础上分析其在发展师范教育的过程中，如何发挥其本土特色，以及如何推动师范教育生本体的个性化发展。

一、俄罗斯师范教育体系发展掠影

21 世纪之前的俄罗斯师范教育主要经历了三个历史阶段：18 世纪至十月革命前沙皇俄国时期的师范教育，1917 年至 1991 年苏联时期的师范教育，以及 1991 年末至 20 世纪末俄罗斯联邦时期的师范教育。20 世纪末，俄罗斯建立了延续至今的多层次的师范教育结构。

整体来看，俄罗斯师范教育制度体系在 21 世纪之前，经历了从单一层次的学校构成到多层级学校构成的发展阶段；课程设置方面，重视知识教学与实践相结合，并为学生设置双专业，既扩充了学生的专业知识内容与范围，又能为学生之后的就业提供更多的选择。对实习教育的内容有着明文规定，推动了实习教育规范化、明确化的发展；在培养职前教师方面，经历了重知识传授向重个性化发展的转变，注重学生对于教学内容、教学设计和课程开发的个性化表达。

20 世纪 90 年代初期苏联解体，俄罗斯开始经历社会大转型。在这一阶段俄罗斯的高等教育改革主要模仿其他西方发达国家高等教育的制度与经验，相应地忽视了俄罗斯国家本体的文化和教育传统在师范教育中的关键作用。随着俄罗斯师范教育改革中的诸多问题越发凸显，俄罗斯政府对于本国的本体意识重新重视，促使俄罗斯师范教育在接受西方有益的教育改革经验的基础上，开始依据本国师范教育的传统和发展现状来将其进一步现代化和标准化。

2000 年 4 月颁布的《高等职业教育国家教育标准》被称为第二代国家教育标准，揭开了俄罗斯 21 世纪师范教育发展改革的序幕，正式把学士与硕士学位认定为师范教育未来的发展方向。调整了师范教育一般职业课程、专业课程和公共课程的比例，加大了公共课程在所有课程中的比重，也为俄罗斯师范教育现代化这一概念的提出奠定了基础。

为了推动俄罗斯师范教育根本现代化的发展，改革师范教育体制，师范院校的创立与设置，注重师范教育培养的"能力取向"等。在 2010 年，俄罗斯政府出台了《我们的新型学校》，要求培养新型的教师，来保障学生大量知识的掌握和创造力、解决问题能力的培养，也就意味着新型教师除了掌握学科的知识，还应具备一定的专业能力和素养以及在处理师生关系时的沟通能力、交际能力和管理能力。以上两个文件主要指向的是在培养职前教师的过程中应该关注的能力、目标及课程内容的建设等，因而与 2013 年颁布的《教师职业标准》存在着落差，也表明了"教师大纲规定的毕业生能力清单与教师职业列举的能力目录不相符"。

二、俄罗斯师范教育的特色

俄罗斯在改革高等教育的过程中，接受了经济合作组织和世界银行在资金上的支持。2003 年正式加入了"博洛尼亚进程"，标志着俄罗斯正式接受了欧洲高等教育的培养体制和模式，但由于"以欧为师"过程中逐渐暴露出问题，也导致了俄罗斯官方态度和舆论导向的改变。从一开始的积极倡导，转变到 2004 年强调"在博洛尼亚道路上保持民族优势"。这也动摇了俄罗斯在实施"博洛尼亚进程"中与高等教育（包括师范教育）相关措施的有效实施。

杜岩岩认为，整体来看"在外部领域，对博洛尼亚进程的适应可以促使欧盟和俄罗斯关系间的一体的、协调的相互作用；俄罗斯能够保持自身民族文化和教育认同的核心，并且可以在广阔的欧洲空间内推广自己的民族传统"。在这一进程中，俄罗斯的高等教育发展也逐渐摸索到了以其自身特色为核心的发展道路，保留传统学位制，仍以专家培养制为主。并在《2025 年前国家民族政策与发展战略》中指出，重新建立俄语在学术研究和交流中的威望及话语权；推动俄罗斯教育国际化与民族化的协同共进。

除此之外，普京总统 2015 年在俄罗斯安全理事会上指出，俄罗斯不能出卖主权，要保持包括教育政策在内的独立自主，强调"要在此基础上调整俄罗斯国家安全战略，必须在短期内分析政治、经济、信息等各方面的潜在挑战和风险"。

（一）师范生培养过程中的特色

俄罗斯师范教育（pedagogical education/teacher education）目前正处于现代化的变革中。其变革主要体现在两个方面：一是在培养教师过程中，对教师个体特点、能力发展的重视。俄罗斯的师范教育现代化是对原有教师培养培训体制或方式方法的再次建构，并在培养教师的过程中，根据社会的需求，尊重个体的复杂性和差异性，注重教师个体能力发展的专业性和全面性。二是俄罗斯师范教育的现代化影响着年轻一代对于俄罗斯社会文化和家庭、俄罗斯多民族传统等相关的民族价值观，俄罗斯民族传统文化在教育变革中的地位也会对俄罗斯师范教育发展方向产生影响。

1. 个体化发展模型的运用

俄国教育专家 Gabdulchakov 在文章中描述了喀山联邦大学（Kazan Federal University）是如何运用个体化发展的模型来培养科学教师的。喀山联邦大学成立于 1804 年，作为俄罗斯最古老的大学之一，其在培养教师方面的探索也可看作是俄罗斯师范教育历史沿革的一个缩影。他们认为不仅应从作为某种模式的"职业特征"这一角度来审视学习者的个性，而且应从人类中心主义的角度来理解师范生个体特点与能力发展的关系。

在培养本科师范生的过程中，需要通过核心学科所掌握的重点知识（数学和物理或化学和生物学）；在培养研究生的过程中，会要求他们做出一个选择：是否成为一名工程师、研究员（这意味着继续深化自己的知识）或成为一名教师（这意味着掌握心理学、教育学、教学方法选择的学科）。在培养本科师范生或是部分有志于当教师的研究生过程中，主要借助的理论是人道主义人格学（Humanitarian Personology），以使其在学习策略的过程中有新的发现，让他们积极地参与到自主学习和自我实现的过程中。

相关研究结果表明，有教师不知道如何培养一个人对待知识的态度，大约 80% 的高中生会对获取知识的必要性产生怀疑。个体化发展模型针对这个问题，旨在让师范生明白学习不仅仅是一种获得专业的方式，也是一种自我形成的方式。师范生在学习成为教师的过程中，通过掌握知识和参与学习过程、相关的学习活动来理解社会文化的变化（包括一个人对自己、他人以及对获取知识的态度的变化），以培养其积极的学习态度。

其中能力在个体化发展模型中处于核心地位，师范生能力中的教学能力，包括总结和评估课堂教学的能力，具备熟练的教学技巧和能力，以及在教学过程中能够指导学生的学习和创新能力的培养。师范生在形成教学能力的过程中，除获得一定的学科内容知识和教学内容知识，还要结合个体在自我发展、自我完善方面的性格特征以及对自身的反思，从而使师范生具备一种综合的素质。这种综合素质指向的是师范生在成为真正教师的时候，不仅能够在课堂教学中借助一定的策略和方法，向学生传达相应的知识和能力，而且能在尊重学生个体性格特征和发展层面，来培养其积极的学习态度和学习动机。

2. 师范生培养中教学能力和研究能力双线并行

喀山联邦大学将个体化发展模型应用到师范生教育的尝试，体现了俄罗斯现行的师范教育是在尊重师范生教育水平和自身素质的基础上，注重积累教学专业知识和能力。不仅如此，俄罗斯师范教育系统的灵活性和可选性方便了师范生按照自己的意愿和能力水平独立、自主地把握专业发展的进度和程度。

譬如 Valeeva, Gafurov 在以喀山联邦大学为例的研究中指出，学生由一般专业转到教师教育有两条途径：一是在喀山联邦大学就读的本科生，如果其未来的职业规划是想成为一名教师，其可以在一年或两年之后由其原有的专业转到教师教育这一专业，这个政策由于涉及跨专业、跨学科等，很难在一般的教师培训学校或师范学校实施，所以就读于该校的学生都很珍惜这个再次选择师范教育相关专业的机会。二是针对大四的本科生或者毕业生，如想进入教师这一行业，其需要选择该校的各种再培训课程等。不仅如此，心理学和教育研究所于 2017 年设立了一个新的教育学硕士课程中心，为学生接受师范教育提供了更多的途径。

喀山联邦大学主要依据俄罗斯联邦政府制定的师范毕业生必备能力的教育标准来培养师范生。俄罗斯师范生在本科毕业的时候，必须具备九种一般文化能力，六种一般专业能力和十四种专业文化能力。

俄罗斯联邦政府将师范毕业生的能力分成三类，按照一般到具体的顺序来呈现：一般文化能力— 一般专业能力—专业文化能力。将一般能力分为一般文化能力和一般专业能力，并将一般文化能力置于一般专业能力之前。从能力安排的顺序和能力包含的内容来看，一般文化能力指向的是师范毕业生个人具备的自我管理的素质、各种基本的知识和语言能力等。一般专业能力，具体阐释的是师范生应该具备的教育教学内容，包括师范生应该具备与教育相关的法律知识、教育心理学知识、道德内容及与学生关系的处理等。专业文化能力中从师范生专业这一角度来整合其应有的文化知识和能力与专业技能，包括个人在学习过程中应该具备的教学和研究能力，自身的专业定位，与文化相关的教学项目、活动的设计等。

实践方面，从教学和学术两个层面来培养师范生。教学方面注重师范生掌握各阶段的教育发展历史、教学理论、教学方法、教学心理学知识等。学术层面关注学生阅读文献的能力，撰写文献综述，通过文献综述来组织材料，撰写总结、论文和评论，编制与重要教学问题相关的方法学资料，撰写报告并展示教学实践的结果，设计教学材料和电子教育资源，撰写学术报告和毕业论文等。

从以上两个方面的内容来看，喀山联邦大学在实施教育标准时，既注重师范生教育教学能力知识的培养，也关注专业学术能力的发展，试图将两者有机统一。使师范生在成为真正的教师时，既能够利用学术理论来指导教学，又可从教学层面来发展学术能力，提升理论深度，以达到相互促进、整体发展的效果。

（二）传统民族文化特色与俄罗斯师范教育

例如，Konstantinovna 等在文章中指出阿尔马维尔国立师范大学（Armavir State Pedagogical University）将哥萨克（Cossack）文化中的价值观点、精神理念等与师范教育相结合，提出了"哥萨克教育理念"（Cossack Pedagogy），具体内容如下：

（1）以学生为中心。指向的是尊重学生的可塑性和主体地位，包括学生对价值意义的判断，学生自身的动机和价值取向，及如何尊重、了解哥萨克的文化和历史。

（2）运用预期教学法。这是一种旨在培养具有发展眼光教师的新型教学方式，旨在让师范生从未来教师的视角，形成与假想中的学生、同事一起工作的技能，以实现自我教育和自我实现的目的。在以哥萨克文化为导向的课堂上，教师和学生不止通过学习、获取知识来理解哥萨克文化，更重要的是掌握专业的知识，通过自身的教育经历实践，来进行积极的自我建设。

（3）重视视觉化教学手段。主要通过教学活动的方式将社会文化动画引入课堂教学中。社会文化动画以复原的方式来呈现俄罗斯传统的历史文化、思想遗产，通过生动形象的画面让学生了解俄罗斯历史文化的发展历程，并借助角色扮演、戏剧等教学活动来吸纳与传播俄罗斯传统文化的精髓。

（4）遵循开放、合作及创新原则。开放的原则是在尊重传统文化的基础上，能够将新的知识和新的观念运用到理解历史文化中，这一原则也会促进合作的开展。在开放原则的基础上，可将对传统文化感兴趣的其他专业和组织联合起来，以形成哥萨克文化社区，来帮助师生从多种角度理解和传承哥萨克传统文化；创新原则是将俄罗斯传统的教育体系与现代的创新教育理念相结合，旨在让学生积极参与现代化的变革，在大学里搭建属于自身的、独立的、具有创造性的空间，以形成教师的个性和个人风格。

俄罗斯师范教育在规定师范生能力标准时，以官方文件的形式明确规定了其应该具有的一般文化素养和文化专业能力，这一规定鲜明地体现了俄罗斯对传统文化的重视。由于阿尔马维尔国立师范大学地处俄罗斯南部，哥萨克文化是其地域传统文化，且该校培养的师范生未来的职业方向也多是集中于俄罗斯南部，所以在师范教育过程中，较为注重哥萨克文化的教学和传播，提出"哥萨克教育理念"，以使传统文化的精髓通过教师的教学内容和教学活动得以传承。

三、对我国师范教育的启示

Adamson 认为了解其他国家教育情况的价值和意义在于：通过他者，可以帮助我们更好地认识本国自身教育和社会情况，在一定程度上辅助教育政策制定者和管理者来制定和实施相应的政策，并能协助我们更好地定位我国教师教育的发展情况。

（一）加强师范生的个体化培养

俄罗斯师范教育在培养师范生的过程中，重视师范生个体化能力的培养和发展，对师范生个体和个性特点的重视，提示我们在开展师范教育的过程中，要能够从学生主体出发，依照学生的需求来设计和实施课程。我国师范教育在培养过程中，多是统一性和普遍性的教育。师范生会掌握基本的专业知识和教学知识，但是具体到某一学段，如小学、初中或高中的课程、教学内容，则是相对欠缺的。与此相对的是，俄罗斯师范教育中不间断师范教育体系，中等、高等和补充师范教育三个阶段的教育会根据师范生未来的就业方向来确定课程的内容和设计，以确保他们在成为某个学段的教师时，能较快适应教学工作。

（二）强调师范生的教学和研究能力并行

俄罗斯师范教育重视师范生的教学能力和研究能力，师范生除了必备的教学技能之外，还应掌握论文写作等学术能力。我国当前师范院校，尤其是重点师范院校已经强调教学和科研并重，但是针对师范生培养方面还略显不足。师范生的培养往往更注重教学技能类的学习，学生也自觉将此类技能的提升作为学习中的重点来对待，科研学术方面稍显不足。针对此种情况，应鼓励师范生参与教师的科研课题，学校可以设立专门针对师范生的科研项目，鼓励师范生勇于探究。

（三）重视师范生对传统文化的掌握

俄罗斯与我国都有着悠久而深厚的传统文化积淀，前述俄罗斯师范教育中将传统文化与师范教育课程设计相结合的尝试，也为我国将中国特色的传统文化与师范教育相结合提供了参考。比如，在中小学数学课程中，加强对中国数学史的渗透，培养学生民族自豪感和爱国情操。这也就要求当今的师范院校在数学师范生的课程设置中强化数学史类课程的设置，让职前教师掌握完备的数学史知识，为他们未来的职业发展奠定基础。

第三节　师范教育与教师素养

教师队伍建设以及教师素养的形成是教育改革的大事，如果教师培养出现了问题，那么教师评价体系也就会相应地出现偏差，譬如人们习惯称呼的"名师"并不具有真实的教育意义，它一般代表人的一种传授知识和把握考试的能力。由此而形成的教育是很难适应学生个性发展的需要，也背离了社会发展对人才的要求。故而，重视教师素养是刻不容缓的大事。

一、师范教育现状与改进

顾明远先生认为："教师队伍建设不只是教育改革和发展的保障措施，更是教育改革和发展的根本。没有教师就没有教育，虽然自信息技术发达以后学校消亡论、教师消亡论不绝于耳，但至今没有一个国家不重视教师队伍的建设。影响学生成长的教师的知识魅力和人格魅力是任何机器代替不了的。"在分析师范教育的机构改革后，他说："这些改革的后果是什么呢？说得极端一些、激进一些是削弱了师范教育体系，降低了教师专业化水平，其中损失最大的是小学教师"。此论，一语中的。

师范教育是培养如何做教师的专业化教育。师范学校的学生应该有从事教育工作的愿望和理想，即便有些不足，在接受师范教育的过程中也要逐步形成这种理想。我国著名课程论学者陈侠先生在一篇回忆文章中说："在扬州中学师范班读书时，当时任扬州中学实验小学的教导主任有丰富的办学经验。他讲的课吸引了我们，巩固了我们的专业思想。当时我的课余时间几乎都用在练钢琴上，听了他的课，开始阅读教育书刊，兴趣转移到教育专业方面来。"这种转变坚定了陈侠先生终身奉献教育事业的决心，也是陈侠先生能在课程论领域取得重大成就的关键因素。

过去的师范教育和今天的师范教育很不一样，办学层次不高但学校氛围很好。如我国著名心理学学家朱智贤曾回忆说："说起研究教育，自己不知是怎么会那么起劲。大概也是受朋友的影响。记得朋友当中刘百川、徐阶平、郝如彬几个人，那时都快要毕业，他们不再常谈文学了，一天到晚，却是'儿童'啦，'训育'啦，'较顺'啦，'赫尔巴特'啦，'杜威'啊，不住地谈，不停地写，我记得我也就在此时和教育发生一点好感。"整个师范学校里充满的是教育理想和学习如何做教师的氛围。这样的师范学校自然也就造就了一大批卓有成就的教育家。

随着社会不断向前发展，师范教育的办学层次已经得到极大提升，但师范教育仍然要把如何培养优秀教师作为根本目标，应该纠正"重学历轻职业素养"的价值趋向。这些年的师范教育改革与其说是"师范教育转型"，倒不如说是学术性的专业教育代替了教师教育，忽视了教师基本素养的养成教育。师范院校需要再转型，重新回归到重视教师素养培养的道路上。其中在招生上不能只注重考生的成绩，而应该更重视考生是不是有做教师的兴趣和愿望，可以考虑在师范招生中恢复面试。

二、教师素养及其形成

素养是指由训练和实践而获得的技巧或能力。教师素养是指教师应获得的技巧和能力。主要包括以下几个方面：

（一）善待每一个学生的素养

教师最基本的素养是要一视同仁善待每一个学生，这就是"有教无类"，在此基础上同样不可或缺的是"因材施教"。有一次在央视的访谈节目中，主持人想让季羡林先生给他的四个弟子排排队，谁更优秀一点？季羡林断然拒绝，认为各有所长，不能如此排队。现在学校里有许多"后进生"，"后进生"的存在是现行评价制度对学生成绩进行排队的结果，结果并不一定合理。教师要善于发现学生的优点，以其长板补其短板。对于每一个具体的人而言，一个人的心理和生理的特殊性与其兴趣、爱好和个性在教育中都应该受到最大的尊重，这也是"以人为本"的教育理念的要求。

（二）全科通识的素养

现在呼唤"全科教师"，其实不仅是乡村小学需要"全科教师"，而是所有的学校教师都需要有通识教育素养。学生的年龄越小就越会有许多稀奇古怪的问题，这涉及许多学科知识，教师不能说"我不知道"，或者做敷衍的回答，所以教师若是缺乏一定的通识素养，则是谈不上优秀的。过去的中等师范教育是全科师范教育，而不是学科专业的师范教育。现在小学教育专业在专科院校和本科院校均有开设，但是在通识素养的培育上还存在很大的不足。培养基础教育教师要注重通识学科素养的培育。

（三）课程意识的素养

笔者在研究民国教育史时发现，扬州的一个小学教师自己组织"中国教育研究社"，联络国内其他地方的小学教师共同开展活动，并主编刊发了两套丛书——《小学教师进修丛书》和《实际的小学教育丛书》。这些教师之所以优秀与他们具有研究课程与教材的素养有着十分重要的关系。研究课程与教材的素养应该成为师范教育中的一个主要课程，这种素养是课程要求与学生实际相结合的纽带，教师具备了这种素养自然就会熟习各种各样的教法，并且能融会贯通这样的课程理念：针对参差不齐的学生和个性差异的学生，既能达到课程标准的最低要求，又能让自己的学生在自己喜欢的领域有更好的发展。

（四）研究学生心理的素养

杜威认为"教育即生长"。事实上，"生长"不仅是身体的生长，也有心理的生长，从教育的角度来看，心理成熟对人未来的发展特别重要。学生在接受知识、技能、技巧，不断提高观察、分析、批判的能力，学会独立思考并具有理想和追求的整个过程中都会出现这样和那样的心理问题。深入学生心灵，做学生心理健康的导师是教师的重要素养。现实中，许多教师并不清楚某个学生学习落后的深层原因，不清楚学生的兴趣爱好，甚至他们对学生成绩优秀也存在片面的看法，只是把优秀看成是一种天赋，其实学习优秀的学生也有各种各样的心理问题。教师要具备研究学生心理的素养，并成为学生生长过程中的心理导师。

（五）求真务实的素养

"千教万教教人求真，千学万学学做真人"，这是陶行知先生告诫后世教师的一句名言。但近年来，教育领域追求利益，特别是短期利益已成一股风气，且有加剧势头，主要表现为教师在教育生活的各个领域里的浮躁和行为短期化，如为评职称抄袭论文等。教师应该摒弃弄虚作假的陋习，清晰认识到实事求是是一种人格魅力，这种素养有利于教师做真教育，杜绝假教育以及各种形式主义。

（六）执着于教育的素养

执着于教育的素养集中表现为对教育事业强烈而真挚的情感投入。教师热爱教育事业，全身心地投入教学工作，喜爱自己的学生，乐于与学生进行沟通和交流，在教学过程中倾注真挚、热忱的情感，正是这种素养的体现。这是教师素养的最高境界，我们不能苛求所有教师都有这种境界的素养，但一个执着于教育的工作者应该追求这种境界。

三、教育去行政化，保障教师待遇

教育管理部门对教师的教学行为应该减少过多的行政干预，这是因为教师在实际工作中所遇到的问题是千变万化的，整齐划一的要求往往是有害的，取而代之的是增加教师外出培训以及参与教学研究交流的机会。学校的管理要让位于校长，具体如何办学？各个学校情况很不一样，不能用行政命令搞"一刀切"，而是要给校长们充足的创造空间。

我国历来有"家有三斗粮，不做孩子王"的说法。既然对教师的素养提出这么高的要求，那么我们就不能让教师成为苦行僧。教育属于社会公共事业，社会赋予教师许多义务，那么社会就理所当然给予教师丰厚的劳动报酬和相应的权利，把最优秀的人才吸引到教育事业上来。相比较而言，教师的工资待遇应该进一步提高，"教师的平均工资水平应当不低于或者高于国家公务员的平均工资水平，并逐步提高"应该落实到实处，其刚性地位不能动摇。

第四节　教学学术与师范教育教师发展

我国从 21 世纪之初开始进行师范教育改革，总体特征是从师范教育向教师教育的转向。经过一段时间的实践，教师教育进入到快速多元的发展时期。2018年国家正式出台《中共中央、国务院关于全面深化新时代教师队伍建设改革的意见》和《教师教育振兴行动计划 2018—2022 年》，对教师教育的发展规划再次进行了调整，这种转变的一个重要内容就是向师范教育的回归。

目前全国共有举办教师教育的院校 589 所，其中高等师范院校 192 所（包括师范大学 49 所，师范学院 70 所，师范专科学校 73 所），举办师范教育的非师范院校 397 所（包括综合大学 61 所，综合学院 166 所，独立学院 21 所，高职院校141 所，省市教育学院 8 所）。面对教师教育的多元之路，师范院校的发展受到综合性大学的挑战。但是在当前师范教育振兴的大背景下，师范院校要真正成为师范教育的主力，必须要重塑和确立师范院校的核心价值理念和历史使命，明确教师教育是师范院校的使命责任，而不只是特色与旗帜。华为的创始人任正非在谈到基础教育时曾经说过，要用最优秀的人培养更优秀的人。如何把师范教育承担的使命和责任与个人职业发展的实践路径结合起来是每一个从事师范教育的教师都必须需要思考和解决的问题。

1990 年美国教育家厄内斯特·博耶（Ernest L.Boyer）在《学术反思：教授工作的重点领域》一文中首次提出，"教学学术"（Scholarship of Teaching）的概念，他认为学术的范围应该包括发现的学术、综合的学术、应用的学术、教学的学术四个部分。舒尔曼和哈珀等学者在进一步研究中深化了教学学术的内涵，使这一概念扩展到"教"与"学"的学术，指出教学学术的基本特征，一是公开化，二是可以接受同行评价，三是能与学术界成员进行交流和分享。这一开创性的解释是为了回应大学教育片面追求专业学术的发展、教学质量下滑、科研与教学的矛盾影响到大学发展的时代关注。教学学术这一理念提出以来，大学重视教学学术的氛围逐步建立并形成日益浓厚的研究氛围。

教育的发展，离不开教师的发展。在教学学术的视域下教师必须对所讲授知识的领域有丰富而全面的认识，将自己对该领域知识的理解有效传递给学生，作为延续人类知识的重要手段，教学的地位需要受到足够的重视。实践中，由于高校排名打分和教师职称评审标准的原因，绝大多数高校都把发展重点放在学科研究的提升和突破，教师们在探索自身专业成长过程中，也往往把学科专业领域的发展作为努力方向，重专业科研能力的提升和培养，轻视教师的教学学术能力，这一现象在以培养基础教育教师为主要任务的师范院校中并没有明显的差异。但毫无疑问，这一发展思路会影响教师教育的质量，也会限制师范院校教师的个人职业发展。在教学学术框架下，探讨师范院校教师的教学能力和教学水平的全方位发展成为现实需求，这也是师范教育发展的内在要求。

二、师范教育教师发展面临的现实问题

（一）注重综合性发展，忽略"师范"属性要求

在 21 世纪初师范教育改革的过程中，师范教育向教师教育转化，一些综合性大学新建了教育学院开展教师教育，同时传统师范院校也开始积极开设一些非师范专业，教师教育多元化和师范院校的综合化趋势对师范院校自身的发展产生了严峻挑战。从师范教育近 20 年的改革成果分析，综合化使师范院校得到扩张和发展的同时，也降低了其曾经引以为傲的"师范性"。与此同时，一些非师范院校尤其是综合性大学凭借自身优势，甚至不需对教育环节做出任何调整，逐渐占领师范院校的领地。

（二）注重专业学术研究，忽略教学学术提升

从教师专业化来看，教师专业化包括学科学术的专业化和教学学术的专业化两个方面。教师不仅要具有先进的教育理念、丰富的专业知识，同时也要有扎实的教学实践能力和熟练运用先进教育技术的能力，只有这样才能够真正担负起培养人、教育人、发展人的任务。教师职业的特殊性在于它不仅承担知识传递的功能，而且还会在整个教育过程中，对学生在价值形成、思考方式、行为模式等各方面施加影响，这是教师职业本身特性所带来的责任。而作为师范院校的教师，培养和教育未来教师的人，"为人师表，行为示范"是其职业属性的必然要求。

（三）注重学生专业知识传授，忽略学生教学技能培养

从学生培养方面看，由于在校学习时间和学校学科背景的发展水平的限制，师范生在选择学习内容上会遇到专业知识与教学技能之间的矛盾。不仅让学生掌握更完整的学科知识体系，并且让学生对专业知识的理解更加深刻还有创新，这一标准对师范教育教师提出了更高的学科综合知识要求，同时也对学生的自身能力和学习主动性提出了挑战。相对而言，不论是培养学生的教学技能，还是传授教育教学基本知识，对教师和学生的前提性要求相对较低，在可行性上胜于专业知识的传授与学习。显然，在资源有限的现实语境下，师范教育如何保证二者的全面发展，成为每一所师范院校面临的两难选择。

三、师范教育教师发展的路径探析

在教学学术的视域中，伴随着师范教育的回归，师范教育教师的发展日益成为师范教育改革与研究的重要一环。保障每一名教师在其职业生涯中的获得全面而充分的发展，对提升师范教育教学质量、促进师范院校发展、培育优秀教师有重要的意义。

（一）树立全面的学术观念

师范教育教师在个人发展过程中，首先要树立的是对教育事业的责任感和价值认同，对教学学术的热爱和对学生成长的关注。21世纪初开始的开放性教师教育体系格局改革，在一定意义上讲，淡化了教师教育中的师范性属性，同时也淡化了对学生的教育信仰、教师理想、师范精神的培育。师范教育应通过完整的教育最大限度地影响学习者的教育理念，促进其保持关注教育内容的兴趣，进而传承并有所创造。马克思在《关于费尔巴哈的提纲》中提出"教育者本人一定是

受教育的"。这种教育会在实践中逐步显现出它的力量，并将成为教师个人发展的最深原动力。

师范教育教师要转变学术发展理念，改变教学学术在大学学术活动中的边缘地位。博耶的教学学术理论试图通过确立教学的学术地位，消除大学教育中教学与科研的对立状态，为教师积极从事教学工作创造良好的条件，为教师研究教学、参与教学研究、提升教学效果提供精神动力和理论支持。在国内，南京师范大学的王建华教授最先提出从"教学学术"的维度促进大学教师发展。他认为教师专业发展的关键在于以重构学术内涵为切入点，牢固确立"教学学术"的观念，自觉加强关于大学教学本身的科学研究。因此，促进教学学术的发展是实现师范教育教师专业发展的重要途径。师范教育鲜明的教师教育导向是从成立之初就确立起来的宗旨，这使得其与非师范类专业追求专业学术创新和发展的特征有所不同。在教学学术的语境下，追求科研和教学的统一，实现专业学术和教学学术的共同发展是师范教育教师的理性选择。

（二）构建完善的专业学术和教学学术知识体系

一是教师要具备系统完整的学科教学知识。教师只有具备对本学科的基础及前沿知识的系统全面把握的能力，成为本学科领域内的专家，才能把系统的专业知识和最新的前沿动态和发展理念传授给学生，帮助学生建立科学的学科知识体系，在教学中形成"为有源头活水来"的良好实践表现。这不仅增加了教师对教学的自信心和归属感，更能通过教学过程在学生和教师群体间树立起自己的良好威望，从而帮助学生树立师范职业理想和追求学术创新精神。

二是师范教育教师要具有科学的教育学科类知识。教学是学科知识和教育理论以及教育规律的具体操作和实施，师范教育教师必须具有一定的教育学科知识，才能在遵循教学规律的前提下，进一步研究和了解教学对象的身心发展、知识储备、技能掌握等各项特征。教师还须掌握娴熟、科学的教育教学方法，使得教学的效果得到确实的保证。以上两点是师范院校的传统优势，继续发扬和提高是师范教育教师发展的必然选择。

三是师范教育教师必须拥有教学实践的知识。教学实践的知识又可以分为已经被固定的教学实践知识总结和具体实践探索两个部分。教学实践总结作为一种学术形态具有公共性的特征，可以被分享和研习；教学实践探索是实践养成，是教师通过自己的反思、总结和体悟出的一种知识传播实践。任何一名教师的优秀品质都是在教学实践中一步步塑造成的，体现着个人的教学风格和品质。师范教育教师在拥有了专业学科知识和教育学科知识后通过课堂教学等实践作用于学生，使学生学习、接受和模仿，从而塑造新一代的教师群体。

（三）建立以教师发展为中心的教学学术共同体

教师的教学必须具有开放性，这一性质使教学活动能成为教学学术的起点。伽达默尔认为，通过开放、对话，使交流的双方都改变自己才是真正的开放性。并且，经验的开放性只能导致对更多经验的开放，而不是完成并消融于封闭的知识之中。教师必须对教学活动保持一种开放的态度，教师只有不断同他人交流、对话才能成为真正有经验的教师，进而实现其自身持续发展。教学学术的概念，不仅强调个体从事教学研究的重要性，更强调教学共同体的重要性。教师之间的交流，促进了个体化的教学实践积累走向公共教学学术研究，形成可供同行分享和借鉴的具有广泛学术价值的成果，从而使得教学中积累的个人经验不再仅仅属于教师的"私产"，实现将教学"从个人的教学经验变为整个教学学术共同体的共有"，从而进一步巩固和强化教学学术在高校的地位。

首先，建立以追求教学学术进步为目标的教研室共同体。教研室是最基层的教学组织单位，也是从事教学和科研工作的基层学术共同体，其组成人员往往具有接近的学科背景和教学实践经历。教研室组织开展集体备课、听课评课、新课试讲及导师指导等活动，教研室全体成员秉承着平等、自由、互助的原则开展制度化的交流和研讨，激发教师的研究潜能和创新精神，从而促进教师专业发展。

其次，跨教学部门成立以提升教学学术水平为目标的学术共同体。拥有不同教育教学背景和不同知识结构的教师，可以借助交流平台相互借鉴和学习，扩大教师的学术视野和有效激活不同教师的创造性思维，提升对教学学术的理解和学术素养。在交流中研究、反思，进一步提升学术研究水平，促进教师发展，进而提升全体共同体成员的教学学术水平。

最后，建立高水平高层次的师范院校交流平台。目前教育部成立有高等学校教学指导委员会，在师范类高校群体中还形成了"全国省部共建师范大学协作联盟""全国地方院校教师教育联盟"等师范院校的校级合作机构，这些组织的形成加强了师范院校各方面的合作，推动了教学活动的交流和发展，也为师范教育教师的发展提供了广阔的交流平台。

师范院校是教师的摇篮，是先进文化的传承基地，是整个国家教育质量的基础保证。梅贻琦先生说："所谓大学者，非谓有大楼之谓也，有大师之谓也。"教师是师范教育中的最关键因素，他们的专业发展直接关系到师范教育的水平和未来发展。一方面，教学学术理念的确立和实践给师范教育教师的工作赋予新的价值，为他们的专业发展提供了一个新的路径；另一方面，师范教师个体的充分发展也必将进一步促进师范教育的改革和深化，更好地承担起师范教育教书育人，培养优秀教师的初心和使命。

第五节　师范教育专业校企合作办学

师范教育的校企合作在高职院校是一个比较尴尬的专业，对于学前教育和小学教育而言，它的最适宜实习单位是幼儿园和小学学校。我们国家的幼儿园有公立和私立之分，而小学只有公立，私立极少。因此对于小学教育专业学生的实习就不能只盯着公立小学不放，应该放眼教育机构，所以师范教育专业的校企合作包括幼儿园、小学学校、教育机构等企事业单位。校企合作办学也就应该围绕这些单位开展合作和共同开发人才培养方案。

一、坚定终身学习理念，培养高职教师在实践中成长

高职教师应坚定在教改路上不抛弃，不放弃，争当教改的排头兵。在教学中注重立德树人，做事讲究为人师表，在教学中力求创新，参加有效课堂、翻转课堂培训；学习能力强，有毅力能坚持，带动学风，教风正派，坚持寓德育于课堂教学中，坚定培养学生先做人，再做事，培养学生具有终身学习理念，以爱的哲学从事教育这一行；以校为家，尽一名教师责任，始终以一个主人翁的精神爱护着学校的荣誉和发展。

立足于培养"大工匠"的目标，高职教师应不怕课改，勇于在浪尖上飞舞，善于搏击，争当一流。在教学中教师要热心于学院教学改革与人才培养方案的制定，认真学习、掌握有效课堂认证的标准及流程，积极参与课改，具有良好的信誉。

教师要勇担重任，只要院系教学需要，应立马挺身而出，平均每学年课时量达到甚至超过学院规定数量。教学效果要好，学生评价要高。教师在教学中能因材施教，促进学生个性发展，潜移默化地培养学生的职业道德情感和职业人精神，时刻关心学生身心成长。

教师在课堂教学中要善于使用学习通网络教学平台，微信、qq、思维导图、百度网络共享资源等信息手段，提高课堂教学效率，活跃课堂教学气氛，提高教学质量，成为实践教学的能手。

二、参与实习基地建设和对学生的实训管理

高职教师应在学生实习实训工作上下功夫，补短板，学生实习期间除了督促实习学生签到，审批实习周记等常态工作，教师要常下实习基地察看，了解学生实习情况和安全生产状况，帮助学生解决实习期间遇到的问题，使学生安心顺利地完成实习计划，定期督促学生认真完成实习任务，写实习周记。教师还应努力开拓校外实习基地，在任职期间，努力联系校外实习基地，为学院实习基地建设做出贡献。

教师还应积极参与社会服务，无偿支教小学二课教学，或从事幼儿园保教工作，为提高师范高职课堂教学奠定扎实的实践基础。

三、实习实训基地建设要符合地域特色和专业设置需要

实习实训基地建设应立足盘锦，辐射周边地区，校企联动，有计划、有步骤、有重点、分年度地建设一批校内外实习实训基地。

校内实训基地建设应在原有实训中心的基础上，扩建、新增一批校内实训室，专业大类资源共享的主要有：模拟儿童体操训练室、手工艺制作实训室、婴幼儿卫生保健实训室、幼儿教具设计室、模拟幼儿科学实训室、幼儿潜能开发训练和测评系统、儿童心理与行为观察系统、微格（录播）教室、多功能语音实训室、书法与规范书写训练室等。

校外实训基地建设应重点建设 1 ~ 3 个集教学、培训、研发于一体的校企共享互动型、一体化实习实训基地；重点建设 10 个学前教育专业、2 个初等教育专业区域性、综合性校外实训基地、顶岗实习基地和就业基地，为培养学生实践操作技能和实习就业搭建平台；建设 50 个以上学前教育专业、10 ~ 20 个初等教育专业多赢型校外实习实训基地，以满足学生实习实训和就业需要；建设盘锦职业技术学院附属实验幼儿园，办园规模大小至少达到 5 个教学班。

四、加大校企合作力度，促进共同发展

校企合作要与周边区域行业企业紧密合作，充分发挥行业企业的资源优势，进一步深化校企合作，建立"校、企、研"三方联动的校企合作机制。

（一）创新校企合作、工学结合的育人机制

实习实训基地运行管理实行"双轨制"，除按学校教育教学管理机制运行外，还应按照适应市场经济规律的现代企业管理机制运行。实行"双导师"制度。

（二）成立专业建设指导委员会

由行业企业专家和校内专业带头人、骨干教师共同成立专业建设指导委员会，双方共研制人才培养方案和课程标准，对人才培养模式和专业课程体系建设进行指导。聘请有丰富实践经验并能指导实践教学的行业企业专家做兼职教师，建立校企兼职师资库，指导学生顶岗实习，提高人才培养质量，增强毕业生就业竞争力。

（三）产学研结合，开展应用研究

在实训基地建设过程中，发挥企业的主体作用，主动适应地方经济社会发展的需要，结合学校专业特色，与行业企业密切合作，与人才培养和教师能力提升相结合，积极开展应用研究、项目开发、学生顶岗实训实习等产学结合活动，使学校在为企业提供技术开发与服务的同时，企业也充分参与学校的改革建设与发展，达到创新人才培养模式的目的。

总之，校企合作是高职院校培养"大工匠"的必由之路，要想办出人民满意的教育，培养出合格的幼儿教师和小学教师，高职院校应该和对应企事业单位共同开发和制定人才培养方案，培养出适合企业需要的师范生。

第六节　陶行知师范教育思想与实践

"捧着一颗心来，不带半根草去"是陶行知一生的真实写照。他终身服务于中国教育事业，希望通过改变当时的教育状况来改造破旧的中国社会。在师范教育方面，陶行知始终践行着"从前曾经为师范教育努力，现在正为师范教育努力，以后仍继续为师范教育努力"的承诺。陶行知的师范教育思想与实践留给后人无限思考与借鉴，也给予当今师范教育的发展以无穷的启发。

一、陶行知师范教育的思想内涵

清末，国家处于风雨飘零的境地。清政府试图变法兴学，亟须优秀教师，这

时部分有识之士意识到师范教育在整个教育系统中的重要性，开始推动师范教育的改革。但是，在当时复杂的时代背景下，我国师范教育的改革呈现出照搬国外、规模小、严重缺乏乡村教师等局面。针对这些短缺，陶行知立足于本国国情，不断探索、实践，逐渐构建了较为系统的师范教育思想体系。

（一）确立"国家所托命"的地位

梁启超曾强调师范教育是群学之基，实业家张謇也提倡"普及教育，师资为先"。然而他们仅把师范教育局限在教育系统的范畴之内，唯有陶行知跳出教育的框架，将师范教育与国家兴亡、民族复兴联系起来。他认为"中国今日教育最急切的问题，是旧师范教育之如何改造，新师范教育之如何建设。国家所托命之师范教育，是决不容我们轻松放过的"。师范教育是国家托命之所在，可以兴邦，亦可以强国。

在《介绍一件大事——致大学生的信》中，陶行知从小学教员入手，具体阐述了师范教育的重要性。对于小家庭来说，"小学教员教得好，则这一二十、一二百家的小孩子可以成家立业。否则变成败家子，永远没有希望了"。小家没有了希望，整个村子都会受到影响。由小及大，由家至国，全民族的命运实际都操纵在小学教员手中，这就是"小学虽小，应当小题大做"的原因。陶行知高瞻远瞩，他深刻明白国家富强民族强大需要高素质的人才；培养高素质的人才，就需要高水平的学校；高水平的学校必得匹配优秀的教师，优秀的教师则来自合适的师范教育。因此，他将师范教育视为国家托命之所在。

（二）培养"第一流教育家"的目标

陶行知批判当时存在的三种教育家："一种是政客的教育家，他只会运动，把持，说官话；一种是书生的教育家，他只会读书，教书，做文章；一种是经验的教育家，他只会盲行，盲动，闷起头来，办……办……办。"他认为这些教育家都浮于表面，对社会的改革与发展没有益处。于是，陶行知提出培养"第一流的教育家"的主张。

在陶行知看来，"第一流的人物"必须至少具备"敢探未发明的新理"与"敢入未开化的边疆"两种精神之一。"敢探未发明的新理"是陶行知针对当时教育界的诸人崇旧仿外、缺乏创造精神所提的。他鼓励师范生要不畏艰险苦厄，不怕困难挫折，敢于实验，勇于发现教育的奥妙新理。"敢入未开化的边疆"强调的则是敢于开辟的精神。陶行知认为虽然我国幅员辽阔，但很多师范生毕业后都保守地选择省城等核心区域，由于自身怕苦畏难、拒绝未知就理所当然地忽视、放弃对边疆地区的开发。他呼吁要想实现五族共和就需要"拿教育的精神方法来创造一个五族一心的中华民国，这是我们五族教育界同志的责任"。因此，他号召师范生敢于探索，为边疆教育奉献。

除了确定"第一流教育家"这一师范教育目标以外，在制订各级各类师范学校的培养目标时，陶行知还主张应当针对各自的学校等级、市乡情形、学科性质等方面有所侧重，譬如乡村师范学校。中国是农业大国，农民是中国人的大多数，乡村师范教育在整个师范教育中便占着举足轻重的地位。据此，陶行知认为乡村师范学校培养的乡村教师必须具备健康的体魄、农夫的身手、科学的头脑、改造社会的精神以及艺术的兴趣。根据这个目标，他在 1927 年创立晓庄学校，开展了一系列的乡村师范教育实践活动。

（三）以中心学校为依托的办学模式

在师范教育的办学模式方面，陶行知提出了"中心学校"的概念。他所谓的中心学校，并非旧师范教育中附属学校的代称，而是中心幼儿园、中心小学、中心中学的总称。中心学校以环境里幼年人的生活为出发点，是师范学校的中心，与师范学校的关系好比太阳与行星。就此，中心学校既是乡村生活的中心、改造社会的中心、改造乡村小学的中心，又是训练师资的中心，还是最优良的中小学校，是师范学校的主体。师范生的培养需要围绕中心学校而展开。

关于如何设置中心学校的问题，陶行知提出了两种切实可行的方案。一是改造那些有志于研究、热心于做事的学校；二是另起炉灶，自己创设中心学校。当有了中心学校之后，就可以在它附近开办师范班或者师范学校。收录师范生的方法也有两种，除了招收新生从头开始训练外，也可以招收其他学校毕业、有志向当老师的师范生或者在职教师。陶行知主张："一个师范可以有几个中心学校；一个中心学校也可以做几个师范学校的公共中心。"陶行知中心学校设想的正式实现是在他创办晓庄学校时期，当时设有中心小学 8 所，中心幼儿园 4 所。陶行知要求师范生轮流到中心学校里任教，在这个过程中巩固专业知识，提高教学技能，以实现"师范毕业生得了中心学校的有效方法和因地制宜的本领，就能到别的环境里去办一个学校"的目的。

（四）以生活为中心的教学内容

生活教育理论是陶行知教育思想的核心，这个核心同样贯穿于他的师范教育思想。针对当时的师范学校多数是中学的变形，仅稍加一些教学法，缺乏师范性的局面，在师范教育的教学内容方面，陶行知倡导师范教育要立足于生活，应教导师范生活用教材，不能脱离实际，天马行空。他在《中国师范教育建设论》一文中提到："师范学校首先要问的是：教什么？这是教材的问题。施教的人不能无中生有，他必得要运用环境已有的事物去引起学生之活动。"陶行知用一句话来总结"教什么"的答案，即"要什么，学什么；学什么，教什么；教什么，就拿什么来训练教师"。

针对师范学校的不同等级、类别，陶行知提出了具体的课程设置。在乡村师范教育的课程设置上，他强调"我们没有课外的生活，也没有生活外的课"。因此，他给乡村师范生制定的课程都深深地扎根在生活当中，可分为五大类：中心小学生活教学做；中心小学行政教学做；师范学校第一院院务教学做；征服天然环境教学做；改造社会环境教学做。除此，陶行知还提出，师范教育的教学内容也应随社会的需要而变化，当社会产生新需要，就应当增加新课程去配合社会。这种先进性，是前人未曾注意过的。

（五）"教学做合一"的教学方法

"教学做合一"是陶行知生活教育理论的三大原理之一，这一理论最初就应用在师资培养方面，作为培养师资的法宝而被提出。在教学过程中，陶行知主张教的法子根据学的法子，学的法子根据做的法子，教学做是合一的方法，不可分割。"教学做合一"以"做"为中心，除了引导人们如何去行动以外，还要求思考，即"知行合一"。陶行知主张"行是知之始"，他鼓励师范生在行动中形成思想，产生新的价值。

在当时的师范学校中，师范生的培养由三年半的校内培训和半年的校外实习组成。陶行知认为这样的做法将学与做分开，是不科学的。因此，他建议摒弃知识传授与实习分开的做法，将理论与实际结合起来。他认为要想实现教学做合一，就要以中心学校为主体，即"培养小学教师要在小学里做，小学里学，小学里教"。在此基础上，陶行知在主持晓庄学校的日常工作时，除了开设五项围绕教学做展开的课程以外，还让师范生轮流去中心学校任教，以实现教学做合一。

陶行知师范教育思想不仅是他个人的智慧，亦是时代的结晶。在当时旧中国已沦为半殖民地半封建社会，保守思想与改革声音并存的时代，他将师范教育提高至与国家兴亡息息相关的高度，又立足于本国国情，形成了具有中国特色的师范教育思想，其内容包括"第一流教育家"的目标，以"中心学校"为依托的办学模式，以生活为中心的教学内容以及以"教学做合一"为原则的教学方法，在当时产生了重要的影响。

二、陶行知师范教育实践活动

陶行知非常重视理论与实践相结合，他在建构师范教育思想的同时，也进行了一系列的实践活动。他将"知行合一"运用到实际，用自己的行动推动当时的师范教育改革。纵观这些活动，较具规模的是晓庄学校的建立以及"艺友制"与"小先生制"的施行。

（一）立足乡村，创办晓庄学校

针对当时极度缺乏乡村教师的局面，陶行知认为原因之一是师范学校设立在城市，致使城市学生不了解乡村，畏惧下乡；而来自乡村的师范生在见识过城市的繁华后，也不愿归乡。就此，他建议将师范学校开办在乡镇，以便师范生更好地扎根乡村，促进乡村师范教育的发展。在这种想法的推动下，1927 年 3 月 15日，由陶行知组织筹办的试验乡村师范学校正式开学。该校位于南京北郊神策门外劳山脚下的一个小村子，小村子原名"小庄"，后改名为"晓庄"。1928 年 2 月，试验乡村师范学校改名为晓庄学校，即是当今南京晓庄学院的前身。

晓庄学校在我国近代教育史上具有较高的地位，它不仅是我国近代乡村教育运动的最早发源地与试验场，也是陶行知师范教育实践的主要阵地。晓庄学校内设有中心小学、中心幼儿园、师范学院、民众学校、劳山中学、晓庄大学。其中师范学院包括小学师范院与幼稚师范院。总地来说，晓庄学校的师范院有如下五个特点。

第一，入学需考试。晓庄的小学师范院与幼稚师范院均需经过考试，考试合格者方能入学。共考五科：一是农事或土木工操作；二是智慧测验；三是常识测验；四是作国文一篇；五是三分钟演说。考试方式较灵活，不局限于纸笔；考试内容也很多元，不仅仅是书本知识。这种入学考试真正让"小名士、书呆子、文凭迷的都最好不来"。

第二，环境赖天然。陶行知在建校之初，准备了田园二百亩，供师生耕种；荒山数座，供师生造林；最少数经费，供师生自造茅草屋居住。师生以大自然为教室，师范院的全部课程就是全部的生活。此外，学校允许师生自行设计、改造茅草屋。师生动手布置的校舍给质朴的晓庄增添了浓浓的人文气息。

第三，作息较灵活。陶行知是这样描述晓庄一天的生活："每天早晨 5 时开10 ~ 15 分钟的寅会，筹划每天应进行的工作。寅会后即以武术代体操；上午大部分时间阅书（有学校规定的书、有随个人所好的书）；下午则有农事及简单的仪器制造、到民间去（后改为会朋友去）；晚上有平民夜校及做笔记日记等。"晓庄的一天没有通用的作息表，除规定的寅会等活动，其余时间由个人自行调配，学校不做强制规定。

第四，管理靠自治。早在1919年，陶行知就发表过名为《学生自治问题之研究》的文章，他认为学生自治是学生结起团体来，大家学习自己管理自己的手续，而学校应当为学生预备种种机会，使学生能够大家组织起来，养成他们自己管理自己的能力。因此，在陶行知主持晓庄学校期间，晓庄设有乡村教育先锋团，主要处理宿舍分配、卫生分担等学生事务。团中设团长一人，由校长兼任；副团长两人，由行政部、生活部主任指导员担任。晓庄学校各科教师都称作指导员，不称为教员。指导员与学生共同立法、共同遵守。在团规之下，师生地位相同，一旦违反，不论是校长还是指导员均需接受处罚。如此，师生各人管理好自己，学校也就实现了自治。

第五，毕业需考核。晓庄学校师范院的修业年限一般是一年半，但不是一成不变的，可按照实际情形酌量伸缩。与一般师范学校不同的是，陶行知明确要求师范院的师范生在修业后必须服务半年，经本校所派专员考查，确有精神表现，才发给毕业证书。这种考核能检测师范生的综合学习成果，在结果上控制师范生的输出质量。

1930年，《解散晓庄师范学校的原因和经过》一文指控晓庄学校勾结国家主义和共产党，阴谋不轨，扶助反革命的军阀势力发展，扰乱社会秩序。同年4月8日，国民政府教育部下令停办晓庄师范学校，陶行知发表《护校宣言》，反对不合理的封校指令。4月12日，南京卫戍司令部布告勒令解散晓庄学校，国民政府下令通缉陶行知，晓庄学校就此停办。尽管晓庄学校办校仅短短三年，但其以试验办学，入学重视实际操作，环境简朴，作息灵活，师生自治，且对修业完成的师范生进行严格的考察，使陶行知师范教育思想在实践层面上得以验证，也对我国师范教育改革以及乡村师范的教育发展产生了重要的推动作用。

（二）改良师资，践行"艺友制"

什么是"艺友制"？陶行知是这般解释的："艺是艺术，也可作手艺解。友就是朋友。凡用朋友之道教人学做艺术或手艺，便是艺友制。"陶行知认为教师的职务是一种手艺，与三百六十行没有差别。与当时各种行业运用艺徒制训练徒弟的行之有效相比，师范学校培养的人才却与普通中小学无异，究其原因，是师范教育将学理与实践分开。因此，陶行知提出"艺友制"，鼓励想做好教师的人最好和好教师做朋友。但推行"艺友制"并非要以之取代师范学校，其仅作为师范教育的补充，与师范学校相辅而行。

"艺友制"是从艺徒制中脱胎而来的，其规避了艺徒制中师徒不平等、重劳力而轻脑力等弊端。艺友是徒弟又是师傅，是学生又是先生，"艺友制"的根本方法是"教学做合一"。什么地方能行"艺友制"？陶行知认为从幼稚园到研究所，凡是有一技之长的教师都可以招收艺友，即只要学校个个有把握，便个个可收艺友，个个可做训练教师的中心。什么样的人可成为艺友？晓庄学校招收艺友的条件如下：第一，凡艺友必须是教育界服务人员或在大学教育科本科二年级以上的学生；第二，凡艺友至少须有一艺之特长；第三，艺友入学须通过入学考试；第四，艺友期限按其需要而定，最短不少于半年；第五，艺友修习，视其兴趣与需要而定，但必须经过指导员的允许。由此，晓庄学校的艺友是另一类的师范生，不仅有一定的知识基础与一技之长，还需经过严格的入学考试方能跟随一技之长的指导员学习。"艺友制"是使用什么方法？陶行知认为"艺友制"的根本方法是教学做合一，事情怎样做就怎样学，怎样学就怎样教。教的法子根据学的法子，学的法子根据做的法子。先行先知的在做上教，后行后知的在做上学。大家共教共学共做，才是真正的"艺友制"。陶行知高度评价"艺友制"，认为其是彻底的教学做合一。

陶行知认为学做教师的途径莫过从师与访友，而跟朋友切磋要比从师来得自然、从容而又不受拘束，最终也会获得较好的效果。因此，他在创办晓庄学校、山海工学团以及育才学校时均践行"艺友制"，以此作为培养人才，纾解乡村教师寂寞和改良师资的重要途径。

（三）普及教育，推行"小先生制"

"小先生制"是作为普及教育，把知识变为空气的方法而被提出的。陶行知充分肯定小先生的作用，认为小先生便是小学生，他早上学了两个字，晚上便可以拿这两个字去教人，此刻学了一件知识或一种技能，彼时即可以把这一件知识或一种技能去教别人。这也就是小先生"即知即传人"的原则。因此，小先生不像大先生那样领薪水，也不用等到有师范学校的文凭才能当老师，他是任何懂得简单真理并分享真理的人。并且，小先生的学生也要即知即传，如此，"小先生制"得以推展开来。

"小先生制"的具体实施分为以下五个方面。第一，施教对象不拘年龄，不拘身份。小先生不限于教小孩，不识字的家人、家附近的守牛、砍柴等邻居均是小先生应当施教的对象。第二，施教内容不限文字，会什么教什么。小先生除了教人认字以外，还有别的本领。懂得卫生常识的小先生可以帮助人们避免病痛，并教会他们预防疾病的方法；知晓科学知识的小先生可以向别人解释月蚀是自然现象而非月亮落难，从而帮助人们摆脱迷信，相信科学。第三，施教方式以生活为中心。小先生必须抓住眼前的机会，运用活动的材料教人，即围绕生活所需来进行教学。当母亲收到工钱时，可就钞票教她认识钞票的数目字、地名、银行名等。第四，施教原则遵循来者不拒，不能来者送上门。小先生应当有恒心，盯住自己的学生，也让学生盯住自己，虎头蛇尾是没有出息的。除此，小先生在施教时不应当摆架子，要了解学生的问题，体谅学生的难处，处处显出愿意帮助学生而没有一丝一毫的不耐烦，这样才够得上朋友，才够得上做小先生。第五，组织模式形成小先生团，发挥团体的力量。陶行知认为，每个地方有两个以上的小先生就应当成立小先生团，并制定公约、执行公约，以此来互相帮助，联合起来追求真理，实现即知即传。

"小先生制"是陶行知在推动平民教育运动期间意识到人民急需教育时提出的，它的推行有利于促进教育的普及，尤其扩大女子受教育的范围。其让知识不再为少数人所拥有，使人人可享受，达到知识公知。对于小先生个人来说，即知即传不仅能巩固自身所学，也增长了见识，锻炼了能力。

三、陶行知师范教育思想与实践的启示

陶行知师范教育思想与实践是他立足于当时国情，为推动师范教育改革与发展而做出的伟大探索，也是时代发展的结晶。陶行知将师范教育提高到可以兴邦亦可以亡国的地位，重视师范教育与生活的衔接，提倡"教学做合一"，并在实践中不断检验与发展他的师范教育思想，不仅在当时产生了重大影响，放之现在，对我国师范教育的理论发展与实践探索也有极高的启示作用。

（一）立足本国国情，推动师范教育的改革

纵观陶行知师范教育思想，其始终强调师范教育应结合现实实际，不可从主观意识中空想或者完全照搬国外经验。对于国外经验，如果适用于当前的发展就采取，不适用则回避它。本国以前的经验，如有适用就保存它，不适用则除掉它。去与取，只问适与不适，不问新与旧。因此，陶行知师范教育思想与实践是符合国情的、融合国内国外经验的成果。

1999年中共中央国务院《关于深化教育改革，全面推进素质教育的决定》

明确提出，要"加强和改革师范教育，大力提高师资质量"。此后，我国师范教育一直处于全面改革与发展阶段。但是回顾这段历程，我们的改革提倡教师教育的专业化、人本化、多元化等，但唯独缺少本土化。面对多种文化交流、融合的大趋势，我们应该保持一种理性，在师范教育的改革与发展方面，植根于我国传统与现实国情，在理论上结合本土特色，在实践中考虑现实环境，从而建立中国特色的社会主义师范教育体系。

（二）重视教师培养，应用"教学做合一"理念

教师对孩子的影响无穷而又深远，而孩子又是家庭乃至整个社会的希望与未来，因此，陶行知认为培养教师的师范教育是国家托命之所在，是可以兴邦亦可以亡国的。当前，我国教师质量良莠不齐，因教师缺乏相应职业素养而造成的矛盾也层出不穷。据此，教师的培养应得到合理重视，落实到具体行动上可应用陶行知"教学做合一"的理念。

"教学做合一"强调行思并重，主张怎样做便怎样学，怎样学便怎样教，它作为培养师资的法宝首先被提出。陶行知欲凭此打破师范教育中先理论学习后实践探索的常规培养模式，以促进师范教育理论与实际的结合。观之现代师资培养，大多仍沿袭旧时前三年半先学习教育基础科目，后半年方进行教学实习的模式，在时间上将理论与实践分离开。如此培养出的师范生，在毕业前流于空洞理论，在入职后陷入抛开理论谈经验的境地。就此，应借鉴陶行知"教学做合一"的理念，在课程上加强与生活的联系，在教育学等专业科目的教授上促进与其他学科的融合，在培养模式上始终贯彻将理论学习与实践实习相结合的做法。

（三）倚靠中心学校，改善师范生实习效果

陶行知所说的中心学校是基于环境中幼年人的生活而被设立的，是在本地土壤里产生出来的。它作为改造社会的中心，不仅重视时事、园艺、卫生、自然研究等科目的教授，也重视儿童各项活动的开展，因此成为师范学校的主脑与主体，晓庄学校中师范生的教学做亦围绕中心学校而展开。

当前我国的师范学校一般下设有附属幼儿园、小学、中学，其组织结构、教材设定、课程安排并非作为师范学校的主体而存在。师范生的实习更多的是让他们在教学方法、班级管理等较细节的方面得到磨炼，离陶行知所提倡的将中心学校作为"教育学的实验室""试验教育原理的机关"还相去甚远。就此，为改善师范生实习效果，可参考陶行知中心学校的理念，给予师范院校的附属学校一定的自由空间，允许其不必依循陈规来组织日常办学，使其作为师资培育的基地，

让师范生得以在其中进行理论的检验与实践的探索。

（四）学习晓庄学校，营造和谐的校园环境

晓庄学校是陶行知师范教育思想的重要试验地，其自然环境优美，人文环境富足。学校不设校门与围墙，与社会融为一体。学生以大自然为书本，所学即所用，所用即所学。此外，陶行知非常重视校园精神环境的建构，尤其注重平等和谐师生关系的培养。晓庄学校的老师与学生每天生活在一起，共甘苦，同悲欢。晓庄人从爱出发，彼此尊重、信赖、互助，他们共同设计、建造校舍，打造了温馨和谐的晓庄校园。

观之当今的师范学校，气派的校门与结实的围墙将校园与外界相隔离。但是，空间上的阻隔决不能成为学校脱离社会的理由，各师范学校应借鉴晓庄学校的做法，学校的教学要以生活为中心，服务于社会的需要。此外，当今学校在重视改善物质环境的同时也不能忽视精神环境的营造，培养和谐的师生关系尤其重要。应加强师生间的了解与互动，培养其默契，建立平等、互相尊重的师生关系，以打造和谐温馨的现代校园。

第五章　师范教育的实践应用研究

第一节　特殊师范教育应用型人才的培养

高质量的特殊教育教师队伍是我国特殊教育事业发展的重要保证，而特殊教育教师的职前培养无疑是为特殊教育事业提供专业人才的根本途径之一。从1986年以来，北京师范大学、华东师范大学等高等院校相继开设了特殊教育专业，并逐渐形成了本科生和研究生两个学历层次，学士、硕士和博士三个学位层次的培养体制。近三十年来，高等特殊师范教育为我国的特殊教育事业培养了一大批本科及以上层次的高水平师资，为我国特殊教育事业的发展做出了重要贡献。但进入21世纪以后，随着国际特殊教育发展趋势的改变以及国内特殊教育学校课程与教学改革工作的推进，传统的特殊教育人才培养模式正面临着严峻的挑战，所培养的"理论型"人才已经难以适应当今社会发展对多样化特殊教育人才的需求。可见，深化特殊师范教育改革，培养兼具创新精神和实践能力的新型特殊教育教师，既是21世纪社会发展及特殊教育事业改革的客观需要，也是特殊教育教师实现自身专业化发展的内在要求。近年来，一批地方新建本科院校也陆续开办了特殊教育专业，并结合地方特殊教育事业发展的现实诉求，对特殊教育"应用型"本科人才的培养进行了初步探讨，为我国高等特殊师范人才培养机制的改革提供了一些新的思路。

一、传统高等特殊师范人才培养工作的现状及问题

长期以来，我国高等院校特殊教育专业在人才培养的定位上相对来说较为整齐划一，缺乏专业个性特色，而且在课程和教学上都普遍存在偏重理论、轻视实践的问题，在一定程度上限制了人才培养质量的提高，导致特殊教育师范生基本功欠佳，特殊教育专业技能不足，毕业生就业能力有限，进入特殊教育教师角色的准备时间过长。

（一）培养定位强调通识性，缺乏专业个性

目前，我国高等院校特殊教育专业的培养目标都基本定位为特殊教育"通识型"人才的培养，相对缺乏针对各类特殊儿童教育或康复需求的个性化培养要求。换言之，特殊教育专业没有明确具体的专业方向，过于强调普通教育和特殊教育一般性知识和能力的培养，忽视各类特殊儿童的个性化教育或康复需求。这就导致毕业生的专业学习多而不精，虽然具备了从事特殊教育工作的一般性知识和能力，但无法胜任某一类特殊儿童教育训练中较为专门化的一些工作，难以适应特殊教育教师的专业化发展趋势，就业选择十分有限，竞争力不足，岗位适应时间较长，入职后也确实很难为各类特殊儿童提供有针对性的支持性教育或服务，往往需要通过一定的在职培训来弥补专业学习的不足。

（二）课程设置过度综合化，方向性不明确

当前我国特殊教育基层普遍反映，特殊教育专业的毕业生既缺乏合理的特殊教育理论知识结构，也缺少必要的专业操作能力，这说明高等院校特殊教育专业的课程设置和教学安排都不尽合理。特殊教育专业的传统课程体系是以教育学和心理学为基本架构的，但缺乏极具针对性的特殊教育或康复训练类的方向性课程以及相关学科性课程，而且忽视各门课程之间的逻辑联系，也就难以有效整合利用各类课程资源。有的院校也应社会所需开设了一些诸如听觉康复、言语训练、自闭症康复、脑瘫康复等比较有针对性的课程，但多以选修课形式设置，且往往都是一两门较为零散的课程，没有形成完整连贯的系列方向性课程。

（三）教学偏重理论讲授，忽视实践环节

一直以来，在特殊教育专业的教学计划中，实验、实训、见习、实习等实践环节的时间安排都较为有限，而且许多高等院校只是在教学大纲中对实践教学内容进行了简单、零散的罗列，缺乏专门的实践教学大纲和专业实践指导书等纲领性或规范性的教学文件，更没有形成独立的专业实践教学体系。在实际教学中，一些大学教师也往往缺乏参与专业实践的意识和能力，单纯偏重理论知识的传授，忽视学生专业实践技能和师范生基本功的训练与指导，致使毕业生难以迅速胜任特殊儿童的教育教学或康复训练工作。

（四）毕业生就业率不高，人才流失严重

由于上述专业的培养定位以及课程与教学方面的诸多问题，近年来特师毕业生在特殊教育领域的就业优势已经明显下降，很多特殊教育学校或机构倾向于接

收更具学科教学能力的普通师范生或具有明显职业特色的高职类毕业生，而不愿接收"通用型"的特殊教育师范生。另外，由于在校期间缺乏特殊教育专业伦理和特殊教育教师职业道德方面的系统教育，特殊教育专业学生的专业意识较为淡薄、专业思想也不稳定，加之我国特殊教育学校尤其是民办性质的特殊教育机构工作条件较为有限，一些学生毕业后不愿意从事特殊教育事业或在短期内转行的现象都比较严重，这就造成了特殊教育专业人才的大量流失。

二、地方新建本科院校特殊教育专业应用型人才培养的目标定位

针对上述问题，高等院校特殊教育专业应该根据当前我国特殊教育事业发展的现实诉求来改革传统培养体制，积极为特殊教育一线培养具有创新精神的实用型人才，首先应该在特殊教育通识性培养的基础上明确具体的专业方向，增强专业特色和活力，培养以实践能力与创新能力为核心的高级应用型人才。受重理论轻实践的传统价值观影响，我国教育界一直对应用型教育有一种偏见，认为培养应用型人才是高职、高专的任务，本科教育理应培养理论性、研究性的人才。事实上，本科和应用型并不矛盾，关键在于把握好培养定位。"应用型本科教育"旨在培养具有相关知识和能力，综合素质全面发展，面向生产、建设、管理、服务第一线的高级应用型专门人才，主要强调学生的综合行动能力，尤其是专业实践操作能力。我们认为，特殊教育专业应用型人才应该具有特殊教育社会宏观责任意识、全纳教育观、特殊教育人文精神，具备高尚的人文情怀、从业道德以及良好的心理品质和创新精神。具有较高的文化素养，掌握通识性的特殊教育理论、知识和技能以及现代信息技术，把握特殊教育发展规律及前沿动态，能结合特殊教育实际开展有针对性的行动研究。具备针对某一类特殊儿童进行专门化教育训练的能力或承担某一门学科教学工作的能力以及特殊教育教师专业自我成长的能力。总之，特殊教育专业应用型人才应该具有朴素的特殊教育人文思想，能够灵活并创造性地把特殊教育理论知识应用于专业实践中，并能够在掌握特殊教育通用性知识和能力的基础之上，精通某一特定专业领域内教育教学或康复训练所需的知识和技能，可以为某一障碍类别的儿童提供有针对性的、高品质的教育支持与服务。

三、地方新建本科院校特殊教育专业应用型人才培养的路径探讨

鉴于我国高等特殊师范教育传统培养模式存在的种种问题与弊端，地方新建本科院校的特殊教育专业尤其应该立足于服务地方特殊教育事业发展，并兼顾自身发展需求，在课程设置和教学改革等方面进行一些积极的尝试，完善具有专业特色的人才培养机制，培养兼具理论知识与实践技能的应用型专业化人才，全面实践特殊教育应用型本科师资的培养模式。

（一）改革课程设置与管理，构建专业成长课程群

特殊教育本科应用型人才培养最根本的保障是合理、科学的专业和课程设置，特殊教育学科的课程设置必须从特殊教育一线需求和学生自我发展需要这两个层面考虑，同时应该结合 2007 年 2 月教育部印发的《聋校义务教育课程设置实验方案》《盲校义务教育课程设置实验方案》以及《培智学校义务教育课程设置实验方案》对特殊教育教师课程开发与利用能力的整体要求，在原有课程设置的基础上进行创新。

1. 开设通识性专业基础课程，设置方向性专业模块课程

首先，特殊教育专业课程体系应该坚持一定的"通识性"，加强专业课程资源之间的整合，开设必要的、通用的专业主干课程，以使学生掌握最基本的特殊教育理论知识和实践技能，增强毕业生就业的普适性。这类课程应该以教育学、心理学、医学、康复学、社会学、工程学等为基础来进行架构，以特殊儿童身心发展的普遍特点以及特殊教育的一般性规律为出发点来进行设置。其次，特殊教育专业课程必须在"通用"的基础上突出"特色"，因为各类特殊儿童的身心发展特点不同，相关的教育干预或康复训练也有较为独立的工作领域，根据各障碍类别儿童的发展特点和教育需求而设立多方向的"模块化"课程，这些课程应该形成一个特色专业方向的系列课程体系，以突破传统课程设置的局限，为学生提供个性化的发展平台，使专业培养更具指向性，使毕业生能够更有针对性地选择就业领域并顺利适应工作岗位。

2. 突显师范性课程，增设学科性课程

国外特殊教育人才的培养主要采用"师范类课程＋特殊教育类课程"或"学科类课程＋特殊教育类课程"这两种课程结构模式，这需要高等院校各个院系和专业之间的合作与协调，我国特殊师范教育不可能在短期内就完全过渡到这种联

合办学的形式。但目前特殊教育毕业生就业困难很重要的一个因素就是学科能力缺失和教学基本功欠缺，所以必须重视普通师范性课程（如教材教法）和学科课程（如语文、数学、外语等）在特殊教育专业课程中的设置，以切实提高特殊教育师范生的教学基本功以及对实际工作的适应性和应变性。高等院校应该通过学校内部协商，或者寻求外部资源，为特殊教育专业的学生学习一定的学科课程创造条件。如特殊教育学生根据自己的兴趣和能力跨专业选修一定的学科课程（以小学、初高中文化课教学为主），但最后必须达到统一规定的修学与课时要求，并将考核成绩记入总学分。

3. 加强校际合作，突出特色校本课程

我国高等院校特殊教育专业、特殊教育学校以及康复训练机构等单位之间应该加强沟通，促进相互学习，多开展理论与实践研讨会，广泛交流专业建设、课程设置及人才培养方面的经验，共同探讨各种课程编制模式的可行性，但也应根据各校的师资、科研情况，突出自己的课程特色。例如，同时开办有特殊教育和学前教育两个专业的高等院校，就可以在校内实现资源共享，突出特殊儿童学前教育和早期干预类课程在整个特殊教育专业课程中的比重；另外，各个高等院校可以根据当地经济发展的实际和特殊教育学校职业技能课的需求，积极开发信息技术、手工、绘画、音乐、按摩等校本课程，努力拓宽特殊教育毕业生的就业范围。

4. 课程设置和管理弹性化，协调选修和必修课的比重

特殊教育专业课程必须改变必修课一统天下的僵化局面，开设多样而富有弹性的选修课。选修课分必选课和任选课，要充分体现出专业特色，介绍特殊教育及其相关知识领域的新理念、新观点、新知识、新方法、新趋势和新方向等，并引导学生始终以可持续发展的眼光来看待自己所学的专业以及将来要从事的特殊教育事业，培养其自我探索和自我创新的能力，使其能紧跟社会进步以及特殊教育事业发展的脚步。

（二）改革教学方式与管理，构建实践教学体系

高等院校特殊教育专业课程的落实应该包括理论教学和实践教学这两个环节，在创新教学方法和手段并改进教学管理模式的基础上，构建具有专业特色的实践教学体系，以切实地突出人才培养的应用性。

1. 创新教学方法和手段

采用先进的教学方法和教学手段是教育现代化的重要体现，特殊师范教育必须努力追求自身的现代化，打破传统的理论授课模式，采用强调师生互动的"动

态化教学模式"，注重启发、讨论等教学方法的应用。对于特殊教育知识和技能的培养，应该灵活应用现代信息技术，提高课堂教学效率，并认真开展教学研究和教学改革实验活动，及时总结好的教学方法、形式和手段。对于一些实践性较强的课程，高等院校特殊教育专业应该积极主动地与地方特殊教育学校或相关机构合作，开展互动学习，让学生走入真实的教学环境中去观察和体验。

2.改革教学管理模式

在教学管理改革中，首先应该积极推行主辅修制和学分制，鼓励教师根据自己的专业兴趣或专长相对固定地精研数门专业必修课，开设丰富多样的选修课，定期举办各种师生交流会或学术讲座，以照顾学生专业学习的个性化需求并充分保证其自主学习权。其次，建立完善而灵活的"生态化"教学质量评价机制，让师生能够充分参与教学管理与评估，并在积极的双向互动中实现共同成长。作为一个动态发展的系统工程，教学管理工作必须凝聚多方力量，采用科学的运作方式，才能切实提高教育教学管理水平。

3.构建实践教学体系

本科层次的特殊教育应用型人才培养应该强调专业基础、突出专业实践、强化专业应用，而实践训练无疑是培养学生专业操作能力和创新精神的基本途径，它突出体现了人才培养的应用型特色。开设有特殊教育专业的各院校应该建立长期合作的实验、实践基地，有条件的院校可以自己建立实验室、临床学校或训练机构，加强对特殊学校教学模拟、特殊教育实务与社会实践、专业实验、专业见习和专业实习等实践教学环节的管理，并适当安排学生到普通中小学见习，以提高学生观察、比较和分析教育现象的能力，进一步培养他们对特殊教育工作的兴趣和爱好。特殊教育专业的实践教学体系应该包括基于校内外实践平台的基础实践、专业实践、综合实践的三个子系统：基础实践主要涉及军事训练、体育训练、计算机训练、外语训练等一般性教育；专业实践是特殊教育专业实践教学体系的核心，主要包括师范生基本功训练（三字一话、讲课等）、特殊教育专业技能训练（盲文、手语、教育评估、课程编制、IEP制定、教育活动设计、玩教具开发等）以及专业实验（言语评估与训练、听觉评估与训练等）、专业见习与实习等；综合实践主要是指社会调研、社会实践、课外活动以及毕业论文（作品）设计等环节。

总之，随着我国特殊教育事业的迅速发展，特殊教育基层对特殊教育人才的需求越来越多样化和专业化，本科学历已逐渐成为取得特殊教育教师资格的最基本要求，而培养高学历的应用型特殊教育人才无疑是满足这一客观需求的根本途径。因此，地方新建本科院校应切实研究我国特殊教育发展的需要，积极借鉴国内外的先进经验，站在历史的高度展望充分反映时代特征和国际特殊教育师资培养趋势的应用型本科人才培养。

第二节　翻转课堂在师范教育中的应用

一、师范生课堂教学现状

（一）师范生课堂教学的重要性

师范生作为未来教师职业的后备力量，拥有扎实的学科基础知识和良好的教育素养是其成为一名合格教师的前提，而课堂教学正好为师范生提供了一个良好的平台，在课堂教学中，师范生不仅可以学习到系统的学科知识和相关的教育教学理论，还可以有更多的机会投身于教育教学实践中去，课堂教学大大地提高了师范生的综合素质，为其未来的职业成长奠定了良好的基础。

（二）师范生课堂教学现状

相对于国内的大多数师范类院校，目前所采用的教学组织形式依旧是传统的班级授课制，教学形式依旧是传统的老师在前面负责教授，学生在下面负责学习的方式；而学生学习的主要内容则以学科专业知识和教育理论为主。

二、传统师范教育存在的若干问题

（一）传统师范教育教学形式中存在的问题

在师范生教学现状中，我们曾提到"班级授课制"，这种教学组织形式具有一定的局限性，在很多师范类院校中，往往学生人数较多，这样则会导致班级人数较多，导致教师无法照顾到每一位学生的学习；其次，就传统的教学形式而言，这样不仅不利于发展学生的自主学习能力，也不利于提升教师的综合素质。

（二）传统师范教育课程设置中存在的问题

由于我国教育体制所致，高校缺乏自主办学权，教育部的统一指挥和政策约束，定期对高校进行定性的量化考核和标准化评估。过度的行政化使得高校的专业和课程设置缺乏自主权，在考评专家的严厉眼神中，高校不敢有半点松懈和臆想。尤其是教学设备难以跟上时代的需要，师范生的师范技能课程和课时得不到应有的满足，有些课程因种种原因，因人设置，被强制性开设，学生不满意，教师也不满意。有些应该开设的师范专业类课程却开不出来或者课时得不到应有的保证，导致矛盾重重又难以破解，影响教师和学生的教学热情和师范生能力培养目标的实现。

三、翻转课堂具有的优势及其在师范教育中的应用

（一）翻转课堂的含义

翻转课堂是"Flipped Classroom"的意译，从字面意思进行理解就是将课程教学的内容进行"颠倒"。在实际应用过程中，翻转课堂的概念不仅蕴含了教学主体调整的意思，也有将课程知识的学习进行延展的寓意，强化课外探究式的学习活动。这种教学方式是由信息化时代背景下教育理念指导形成的教学实践方法，在其产生之初就与教学辅助材料息息相关。通过 PPT、音频、视频等形式的不断更新，与现今的微课形式结合之后建立起了完整的课程教学空间。应用过程中不仅能辅助教学，使得材料呈现出清晰、精练等基本特征，还使得课程之外的学习项目能够与课程教学内容有效衔接起来，使高校教学中课程与项目推进更有效，使学生能够不受时间与空间的影响，自主地完成知识探究，保证知识学习的质量。

（二）翻转课堂具有的优势

（1）对于学生来说，翻转课堂与传统课堂相比，更加尊重学生在学习中的主体地位，有利于培养学生的自主学习能与合作学习能力。在传统的课堂教学中，往往占据主导作用的是任课教师，学生并没有机会占据学习的主体地位。在课堂上教师并不会给予学生大量的时间进行自主学习，而在翻转课堂的教学模式中，教师则会把大部分的时间交给学生，由学生进行自主学习与合作交流，教师只是起到帮助与指导作用。

（2）对于教师来说，可以减轻教师在教学工作中的压力，同时也转变了教师在课堂教学中的角色。在传统的课堂教学中，教师往往扮演着学生学习的主导者，而在翻转课堂教学模式下，教师能够走下讲台，把更多的时间用于帮助学生，指

导学生进行自主学习与合作学习，教师不再是传统的教书匠，而是学生学习过程中的帮助者、引导者。

（3）对于课堂教学来说，翻转课堂更有利于素质教育的实施，更有利于发挥现代信息技术在教育中的作用。在翻转课堂教学模式下，不仅充分调动了学生学习的积极性，同时也培养了学生的自主探究能力与合作学习能力；其次，翻转课堂是一种将现代信息技术与课堂教学相结合的教学模式，这样不仅提高了教师和学生的信息素养，同时也推进了信息技术在教学中的应用。

（三）如何应用翻转课堂于师范教育

（1）充分的课前准备是实施翻转课堂的前提。实施翻转课堂前的准备包括确定学习目标，做好分组工作，明确课堂规则，即通过本次学习，学生在知识与能力上达到一个什么样的水平；教师要在课前为学生准备好相关的自学材料；教师应为学生制定检测试题，这是教师实施翻转课堂结果的有效反馈。

（2）翻转课堂在师范生课堂中的实施。首先，对于师范生来说，不仅要有学习的能力，更要有讲课的能力。就师范生的翻转课堂而言，进行"翻转"的方式可能更加多样化，如教师可以让学生在课前对本节课需要学习的知识进行学习，在课堂上，由学生负责讲授知识，这种方式可以锻炼师范生的教学能力，我们也可以在课上进行分组学习，当遇到不会的问题时先由学生负责解答，当学生无法解决时，再由教师进行解答。

其次，基于师范生的教育性质来讲，在翻转课堂的教学模式下，课堂练习的作业与习题可以尽量突出师范特色，比如在进行心理学与教育学类的翻转课堂时，可以让同学们自己寻找生活中的相关案例，这样不仅掌握了知识，同时也解决了自身的疑惑；在进行教法类课程的翻转课堂时，可以布置类似于录制教学视频的作业。

（3）翻转课堂在课外与课后的实施。在每一次翻转课堂实施以后，教师要组织学生及时进行课堂反思和教学评价，对于师范生来讲，也可以在课后自己尝试录制教学视频，并与教师所给的教学资源进行对比，找出自己的不足。

四、翻转课堂在师范教育中应用的几点注意事项

（1）翻转课堂中教学目标的设置应适当。对于师范生来说，大多数学生毕业后会从事教师这一行业，作为教师，我们需要对每一节课制订适当的教学目标，教学目标的过高和过低都不利于学生的发展。

（2）翻转课堂中的教学资源的内容要适当。对于师范生来说，不仅要做到自己能够牢固地掌握知识，最重要的是如何教会学生知识，在教学资源的内容选择上，首先要做到的是难易程度要适中，要保证大多数学生能够看懂、读懂、学会。其次，课程内容的选择要具有一定的倾向性，可以设置一些除了专业内容以外的知识，比如解题研究，教学方法等方面，这些对师范生的成长都是极有帮助的。

（3）对于翻转课堂的教学评价不要过于单一化。任何一种教学模式都是有利有弊的，我们不能单一地从某一角度进行评价，对于翻转课堂亦是如此，所以我们需要从多个角度对其进行评价，比如我们可以按照评价的时间和作用分类，即诊断性评价、形成性评价、总结性评价；也可以按照评价的方法分类，即围绕学习资源、学习环境、学习效果等方面进行评价。

第三节　互联网技术应用对师范教育的影响

社会在进步，科技在发展，逐步进入了互联网时代。随着互联网技术的普及应用，对人们生活的方方面面产生了很大的影响。师范教育领域也不例外，互联网技术的广泛应用，对师范教育产生了深远的影响，对师范院校的改革和发展也带来了很大的机遇和挑战。如何适应和应对这些机遇和挑战，成为摆在师范院校面前的一个课题。

一、互联网技术的广泛应用对师范教育的影响

互联网技术在教育领域的推广和使用，对师范教育的理念、师范教育的教育教学实践以及学生的能力培养等方面产生了很大的影响，促进了师范教育的发展和变革。传统的师范教育重视在固定的课堂教学中传授理论知识，重视通过"三笔字""普通话"等方面的训练强化学生的教学技能，重视通过见习、实习等培养学生的教学能力和管理能力。在一定的历史时期，通过这种模式为我国培养了大量的合格人才，促进了我国教育事业的发展。但是，随着社会的发展和人们生活水平的提高，对教育提出了更高的要求。对于传统师范教育而言，有些人才培养制度和培养模式方面的弊端和不足逐渐显现出来。比如，落后的教学理念，难以适应时代开放性、创新性的要求；单一的教学手段，难以满足学生发展的需要；陈旧的教学内容，难以适应基础教育改革的需要等等；同时，由于对学生的主体

性认识存在偏差，造成了学生的学习积极性不高、学习效果不好、人才培养质量不高等问题，阻碍了师范教育的发展和变革。互联网技术在师范教育的应用，顺应了这一时代发展的要求和师范教育内在发展的需求，必将给师范教育带来一系列的深刻变革。

（一）互联网技术改变了传统的师范教育观念

互联网强调资源整合共享、互联互通理念，强调拓展思维和国际视野，对师范重塑教育理念、重构教育模式，起到积极的推动作用，是一次思想的大解放。

互联网技术促进了价值观的改变。互联网技术的应用，更能体现出师范教育"以人为本，以学生为中心"的教育理念。互联网丰富的资源，便利的信息获取方式满足了学生个性化学习的需要，为学生的个性化发展提供了支持和保证。通过互联网技术的应用，学生可以根据学习需要选择合适的学习内容，可以通过互联网请教同学、老师来解决自己学习中的困惑，极大地调动了学习的积极性和主动性。

互联网技术促进了学生认知的改变。传统的教育注重书本知识的教育，学生的认知有很大的局限性。互联网技术的应用，使学生的认知范围和认知方式有了很大的改变。学生的学习可以打破书本知识的禁锢，可以通过互联网搜集、学习、研究本学科本专业国际、国内最新的教学理念、最新的研究方向以及了解社会对本专业的培养要求和人才需求状况，满足他们对知识学习的需要。

互联网技术促进了教学观和学习观的变化。互联网技术的广泛应用，促进了教师由知识传授者的角色向学习的协调者和组织者的角色转变。在这一背景下，教师应当加强对学生学习活动的组合和协调，做好学习活动的计划和指导，提高学生自我学习和获取知识信息的能力。学生的角色也应该由知识的被动接受者逐步向知识的搜索者和加工处理者转变。在互联网技术的支持下，学生的学习活动应该在教师的指导下，对教材进行分析处理，再利用互联网知识进行拓展和延伸，进一步提高学生的学习兴趣和学习自主性。

（二）互联网技术改变了传统的教学模式

互联网技术的应用，打破了传统教育的局限性，在大数据、移动互联网、云计算等技术的支持下，教学可以不再拘泥于固定的场所、固定的时间、固定的人数。"互联网＋"教学，利用网络的互动性、储存能力、技术优势，可以在短时间内吸引海量教学资源和信息，形成一个资源库。资源库通过使用终端用户上传、发布新的资源而保持源源不断地扩大。只要在具备互联网设备正常使用的前提下，学生可以根据学习的需要，自主选择学习内容和学习时间，实现了学习的自由，满足个性化学习的需要，体现了"以人为本，以生为本"的教育理念。互联网技术的应用，促进了教师教学方式的多样化，极大地调动了学生的学习积极性，学习效果有了很大的改善，改变了过去单一的课堂教学模式，拓展和延长了课堂教学的空间和时间，有助于学生个性化学习的需要，是一次教学技术的大变革。同时，新的教学模式给教师带来了新的挑战和考验。教师应该努力研究和解决在互联网背景下，如何组织学生进行网络知识的搜集整理，监督检查和检验学生的学习表现，以满足学生个性化学习和发展的需要。

（三）互联网技术使教育的内容更加广泛

传统的教育模式中，教育的内容相对固定和统一。在教学实施过程中存在课程内容"繁、难、偏、旧"和过于注重书本知识的情况，有的内容脱离了师范生的生活实际和社会发展的需要，严重影响了师范生学习的主动性和积极性。互联网+技术的应用，改变了师范教育内容的单一性和封闭性。老师和学生可以通过互联网学习到更多更广更新的内容，满足他们学习的各方面需要，增强他们学习的主动性和自觉性，有利于提高人才培养的质量和水平。

二、师范教育如何改革，适应互联网时代的新要求

2018年2月教育部等五部门联合印发了《教师教育振兴行动计划（2018—2022年）》的通知，明确提出要开展"互联网+教师教育"创新行动。师范院校作为培养教师的基础，应该做好"互联网应用+师范教育"的推动者和落实者，扎扎实实地做好互联网技术在教育教学中的应用，为推动师范教育事业改革发展做出新的贡献。

（一）提高重视，加强领导，统筹推进学校信息化建设

师范院校要深刻认识教育信息化以及"互联网+技术"在未来教师教育发展中的重要地位和作用，按照教育部关于印发《教育信息化2.0行动计划》的通知等文件要求，加强领导，明确责任分工，统筹推进学校信息化建设工作。要坚持育人为本原则、坚持融合创新原则、坚持系统推进原则、坚持引领发展原则，持信息技术与教育教学深度融合的核心理念，坚持应用驱动和机制创新的基本方针，建立健全教育信息化可持续发展机制，积极推进"互联网+教育"。

（二）做好规划，增加投入，保证信息化建设有序进行

教育部教育信息化 2.0 行动计划要求，到 2022 年要基本实现"三全两高一大"的发展目标，建成"互联网＋教育"大平台，推动"三个转变"，努力构建"互联网＋"条件下的人才培养新模式、发展基于互联网的教育服务新模式、探索信息时代教育治理新模式。师范院校要按照教育部的要求做好学校信息化建设的早期、中期、长期规划，增加学校在信息化建设方面的投入，将网络教学环境纳入学校办学条件建设标准，数字教育资源列入教材配备要求范围。加强学校虚拟仿真实训教学环境建设，服务信息化教学需要。推动建立数字校园专门保障队伍，彻底解决学校运维保障力量薄弱问题。大力推行"互联网＋技术"在教学、科研、管理等方面的应用，有序推进学校的信息化建设工作。

（三）强基固本，理实结合，坚持师范院校特色

1. 坚持师范性，打好理论基础

坚持师范性首先要抓好学生的师德师风建设，培养学生良好的从教意识和教师素养。师德师风是从事教师职业最重要的道德标准和精神品质，是评价教师队伍素质的第一标准。师范院校要把师德师风建设作为一项基础性工作，教育每一个立志于从事教育工作的青年学子以德立身、以德立学、以德施教，争做"有理想信念、有道德情操、有扎实学识、有仁爱之心"的好老师。师范院校注重教育理论的学习和传授，这是由师范院校的性质和特点决定的，是区别于其他非师范院校的一个重要标志。师范院校要继续抓好教育学、心理学、教育心理学、学科课程教学理论等方面的教学，发挥出在理论基础方面的优势，保证每一名师范生具有扎实的理论功底。

2. 练好基本功，做到理论和实践的有机统一

师范院校还有一个优良传统就是重视学生教学基本功的训练。要继续通过加强对"三笔字"、普通话、课堂教学技能等方面的训练，不断提高学生的教学能力和教学水平。同时做好学生的见习、实习等工作，逐步培养师范生掌握熟练的教学技能和提高管理学生的能力，做到理论和实际的有机统一，为将来从事教育工作打下良好的基础。

（四）更新教育观念，构建互联网思维

师范院校要适应时代发展的变革，理念创新是先导。在互联网时代背景下，学校要树立资源整合共享、互联互通的理念，要从根本上重塑教育理念、重构教育模式。理念创新，需要学校的管理者、教师、学生更新教育观念，具备国际化

的教育视野和开放包容的认知观念以及互联网教育的思维。在这一背景下，师范院校要有平台思维。首先，把课堂当作平台。要把传统的课堂当作互联网技术的平台，充分利用互联网技术的优势和数据的优势，推动云课堂、移动课堂的发展，满足学生知识获取和信息处理的需要。其次，把教学系统当作交流平台。把教学过程当成一个共享教学资源、共学共研，相互取长补短的平台，促进合作，培养团队精神。再次，把学校当成平台。把学校当作拓展知识、开阔视野、美化人生的平台，也是教学相长，和学生共同成长的平台。学校要把学生当成用户，牢固树立以学生为中心、为学生服务的思想，以学生的需要为出发点，时时刻刻为学生着想。要让有发展潜力的同学更加发展，让学习薄弱的同学不断取得进步。要认真研究打磨教学内容，做到知识之间的融会贯通，运用新思维、新方法启迪学生，促进学生创新精神和实践能力的发展，满足国家和社会对人才发展的需要。最后，师范院校要具备跨界思维。跨界思维，就是要有多角度看待问题的眼光和多视野解决问题和处理问题的一种思维方式。它既是一种时尚的生活潮流，同时也是一种崭新的思维特质和思维方式。在互联网的背景下，学习资源呈现出碎片化、多样化的特点，学生要善于运用跨界思维，进行资源的整合和加工，通过合作共享形成新的关系，新的知识。促进思想的解放和思维的拓展，最终使学生成为创新的人、智慧的人。

（五）改革教学模式，适应信息化发展的需要

师范教育要适应新时代改革发展的潮流，要适应信息化社会变革的需求，更新教育理念，优化新的教学内容，创新人才培养方式，让学生在掌握扎实教育理论、教学技能的同时，逐步适应互联网时代所萌发的各种新技术、新手段、新模式，重点掌握微课、慕课、翻转课堂、微格教学等几种典型的教学手段和模式，不断提高自己的教学能力和教学水平，为将来从事教师教育工作奠定基础。微课，主要是以视频为载体，教师围绕某个教学知识点或者是重点、难点开展的教与学活动的过程。显著特点就是内容小而精，便于传播，针对性强。慕课，是指大规模在线公开课。就是通过把大量名校的优质教学资源放到互联网上，让更多的没有机会接触名校名师讲课的孩子享有平等的机会。慕课学习的孩子可以根据自己的学习情况选择不同的教学内容，也可以放慢或者加快自己的学习进度。翻转课堂是由教师提供教学视频，学生在课前进行网上视频学习，师生在课堂上解决疑难、完成作业的一种教学模式。这几种新型教学模式打破了传统教学模式中"先教后学"的教学程序，遵循了"先学后教"的认知规律。使学生真正地成为学习的主

人，体现了以学生为中心的现代教学理念。随着这些新模式、新手段的不断出现和应用，必将对师范学校的教学和学生的学习带来新的革命，进一步激发学生的学习兴趣和学习动机，满足学生个性化发展的需要，促进学生的全面发展。

第四节　师范生教育技术应用能力培养策略

在计算机技术及信息技术快速发展的网络背景下，教育的信息化建设也得到了同步的发展，各级各类学校的教学设施、师资结构也都得到了显著的改善，教师教育技术能力也成为教师职业的基本素质之一。因此，对于职前教师要注重教育技术应用能力及教学方法的培养，把先进的教育理念和教学内容通过科学的教育方法和手段贯彻到具体的教学过程中。

一、师范生教育技术能力培养中存在的问题

（一）课程设置不合理，师资素质缺乏

通过调查以及相关研究资料发现，在地方性的高等师范院校里从事技能培养教学工作的师资队伍经验不足，整体专业化水平不高，信息技术与课程整合能力不强，主要集中于理论性的内容讲授，教法不灵活，习惯用传统的教学模式及方法。以上各种因素，都导致了对师范生在教学技能方面的培养质量得不到有效的保证。

（二）现代教育技术课程内容缺乏针对性

大部分高校对师范生都采用统一的教育技术能力培养模式，统一性表现在无论对于什么样的专业，教学内容都固定不变，实验实践环节的训练较少，没有根据学习者的专业背景而进行相应的调整，因而不能满足对学习者个性化培养的需求。

（三）现代教育技术课程的考核方式单一

现代教育技术公共课的考核方式基本都以笔试和上机为主，很少采用实践性的说课或者讲课的方式进行考核评价，不能对学生的实际技能进行全面的提升和评价。

二、师范生教育技术能力培养策略探讨

（一）师范生教育技术能力培养策略的学习过程

1. 理论学习

理论知识是动手实践的理论基础，对于师范生来说，首先要对教学设计的基本理论进行学习，知道什么是教学设计以及教学设计在教学过程中的具体作用等。此环节核心点就是让师范生明白"是什么"的过程。

2. 案例观摩

师范生在对理论知识有一定的掌握之后，再对具体的教学案例进行实际观摩。教学案例都是以一个具体的实际问题展开的，让师范生身处实际的教育教学环境中，体会案例中所表现的教学问题，探析思考案例中所蕴含的知识、理念及原理，进而掌握基本的普遍的原理及理念。此环节核心点是让师范生了解"怎么做"。

3. 案例分析

在案例观摩环节让师范生明白了"怎么做"的问题后，接下来应该要理解在案例教学中"为什么这样做"，要达到这一目的最有效的方法就是对案例进行具体的分析和探究。

4. 实践任务

此环节就是在有了明确的任务要求后，让师范生在通过案例观摩和案例分析之后的基础上调动完成该任务所需的理论知识去完成具体的教学设计，进而对任务进行实践教学。

5. 评价反思

此环节主要是针对师范生亲自的实践教学任务的完成过程进行的他人的评价以及自己的反思。有研究提出，优秀教师的成长公式为经验＋反思。反思可以使师范生对理论的理解更加得深入，对教学案例的分析更加得透彻，进而提高个人的实践教学质量。

（二）充分利用网络平台培养师范生的教育技术能力

通过网络，学生不但能获取到更丰富的案例资源，同时也可以将自己的资源在网络上共享。网络平台强大的交互性弥补了师生以及生生间的情感交流及反馈的不及时。其形式主要有微课、慕课、翻转课堂等。

（三）构建新型课程体系

新型的师范生教育技术能力培养课程体系可以围绕以下几个板块的课程进行构建：

1. 必修公共课

在对师范生的教育技术应用能力培养中，应将《现代教育技术》列为必修公共课，加强师范生对教育技术基本理论的掌握、提升综合素养及提高教育技术的实际应用能力。

2. 必修专业课

根据师范生不同的专业开设相应的专业技能实践课，以提升师范生在学科教学里的教育技术应用能力以及将信息技术与学科课程加以整合的能力。

3. 选修课

学生可以根据自身的需求及兴趣选择相应的选修课，提升自己的教育技术应用能力，拓展自己的知识与技能领域。

（四）改进现代教育技术公共课的考核方式

1. 理论与实践考核相结合

按照我国教育部研制的教师教育技术能力指标体系结构，师范生的教育技术能力主要包括意识与态度、知识与技能、应用与创新以及社会责任等四个方面，因此不仅需要对教育技术基本理论进行考核，还需要对其教育教学技能实践进行考核。理论与实践考核的结合，才能对师范生教育技术应用能力进行全方位的综合评价。

2. 形成性评价与总结性评价相结合

由于对师范生教育技术应用能力的培养进行的是动态的、持续性的评价。因此对学生的评价除了要进行总结性的评价外，还要对其阶段性的、过程化的教学进行评价。我们可以采用电子档案对学生学习教育技术的整个过程进行记录，以保证对学生的阶段性及综合性的评价能更加的客观合理。

对师范生教育技术能力的培养是一个长期且复杂的过程，需要各个领域、各级部门的共同支持，也需要现代教育技术专业教师及学科教师的共同协作来共同推进师范生教育技术应用能力的培养进程。

第五节 师范专业一体化教育实践模式的构建与应用

教育实践体系是师范类专业教师教育课程的重要组成部分，是培养未来教师的必要环节，包括教育见习、演习、研习和实习等环节。该体系分别通过观察、训练、反思及综合实践等系列活动，促使师范生职业能力和素养得到培养并逐步提高。国家教育部在多个文件中也都强调了教育实践的重要性，如《教育部关于实施卓越教师培养计划的意见》（教师〔2014〕5号）、《教育部关于加强师范生教育实践的意见》（教师〔2016〕2号）等。教育部在《普通高等学校师范类专业认证实施办法（暂行）》（教师〔2017〕13号）中又进一步强调，师范生教育实践要贯穿人才培养全过程，时间不少于一个学期，涵盖"师德体验、教学实践、班级管理实践和教研实践"；并建立相应教育实践规范，明确实践前、中、后的要求，进行有效的管理评价，确保实践效果。

阜阳师范大学作为一所以师范类专业为优势的地方院校，经过长期的探索，建立了较成熟的师范生人才培养模式和教育时间体系，师范生培养质量得到广泛认可。但由于多种原因，以往各教育实践环节在实施过程中存在的一些问题与不足，影响了最终的实践教学效果。在师范专业全面开展专业认证之际，我们针对阜阳师范大学生物科学（师范）专业以往教育实践过程中存在的问题，详细分析、探讨并提出了相应的改进措施，进一步提高了教育实践效果，不断提升师范专业人才培养质量，也可为顺利实现师范专业二级认证打好基础。

一、以往教育实践中存在的问题

（一）教育见习阶段性目标不明确

教育见习是在师范生进入基地学校，实地观察、感知、领会学校的实际教学情况。与以往不同的是师范生以一名未来教师的身份去观察、体验，目的是促进师范生尽快适应角色转换。不同学期多次开展，既为师范生创造理论联系实际的学习机会，也让师范生切身感受教师生活，强化师范生从事教育职业的信念。阜阳师范大学生物科学（师范）专业人才培养方案中规定的教育见习共安排5次，分别在第2学期至第6学期，每学期1周时间，在时间上安排比较充分、合理，但实施过程中却有些不足。具体表现在:（1）每次教育见习目标和内容没有很好的规划，针对性不强。不同学期教育见习的内容和主题没有明确区分，也没有体现出一种递进的关系。（2）教育见习结束后缺少足够的总结与反思。见习结束后指导教师和学生之间没有进一步的交流研讨和总结反思，没有很好地对整体见习效果进行检测和评估，无法为后续的教育见习、实习地实施提供有效的参考。

（二）教育研习重视不够

教育研习是指师范生在教师指导下，运用所学的教育科学理论以及专业学科知识，对教育实践过程中发现的问题进行更深入的研究与讨论，进而提升师范生的教育教学研究能力。通过教育研习可强化师范生教学反思意识，培养教育科研意识，提高教育研究能力；同时，对教学实践过程中发现的问题进一步地探讨和研究，可提高师范生对教育规律有更深的认识、理解及应用能力，最终提升师范生的教师专业能力。

在阜阳师范大学生物科学专业的师范生教育实践过程中，教育研习环节没有受到足够的重视。例如，教师教育课程中未安排"教育科学研究方法"等相关课程，学生未能系统掌握教育科学研究中常用的原理、方法及应用条件。在学校教育实习工作规程中对教育研习目标与要求也没有明确的表述，只是提及通过教育调查来"掌握教育调查研究的基本方法，培养教育调查研究的初步能力"，没有单独的活动组织、安排与成绩评价标准。因此，注重教育研习环节，将教育实践经验与教育科学理论有效联系起来，是推进生物科学卓越教师培养的必然需求。

（三）教育实践评价体系不全面

教育实践环节类型和目标的多样性决定了教育实践评价的多样性。以往生物科学专业只对教育实习环节评价做了较为细致、明确的规定，对其他环节则没有相应的要求。例如，《阜阳师范大学教育实习工作规程》中规定由校内外教育实习领导小组和指导教师对教育实习进行考核，在教学、班主任以及教育调查等方面进行评定，三方面的成绩分别占教育实习综合成绩的45%、30%、25%；其中教学工作以及班主任工作方面，实习学校指导教师评定的成绩占70%，本校指导教师评定的成绩占30%；教育调查工作的实习成绩由本校指导教师评定。但实际上在成绩评定时并没有使用这种成绩评价量表。由于教育实习领导小组对整个实习期间学生实习情况掌握不全面，因而无法给出合理评价，成绩等级评定几乎全由校内指导老师根据实习生的《教育实习鉴定表》《教育实习手册》等材料，结合校外指导老师评语给出。在教育见习环节，也仅仅由指导教师根据学生提交的《见习鉴定表》给出等级成绩。可见，此时教育实践评价只是完成教育实践的最后程序，侧重于成绩鉴定，忽视了评价的激励导向和诊断改进功能，不能全面地反映师范生的专业成长过程以及综合素质提升情况，因而不能实现教育实践的全部目的。

二、构建"一体化"的教育实践模式

（一）阶段性和连续性相统一的教育实践模式

近年来，我们针对以往生物科学专业教育实践环节中存在的问题，基于"实践—反思—发展"的实践教学路径，构建了阶段性和连续性相统一的"教育见习、演习、研习、实习一体化"的教育实践模式。"阶段性"是指分步对师范生教育教学能力进行培养；"连续性"则表明各阶段并不是孤立存在的，而是形成前后连贯、逐步推进、螺旋式上升的教育实践体系。

教育见习从第 2 学期开始，共 5 次，前期以体验、观察为主，后期则以直接获得实践经验为主，每次见习在前期基础上深化，难度和专业性逐渐增强。例如，在前期只是让学生进行学习性听课，观察真实的中学生物学课程教育教学情况；中期进行研究性听课，观察班主任教师对班级、学生的指导与管理等；后期可安排学生进入年级教研室或教务处，协助教师或管理者，熟悉教学管理工作。每次见习之后要有总结与反思，激发学生自我检验与反思的动力，找寻每次见习中的问题，为教育研习立项做些准备。

教育见习之后的教育演习分散于《生物教学技能训练》课程中进行，以微格教学为主，包括分组备课、说课、上课、评课等演练环节，使学生熟悉教学工作的基本内容和程序，基本掌握教师必备的教学技能，为教育实习打下良好的基础。另外，还可以通过师范生教学技能大赛提高学生的训练积极性。在第六学期期末，对学生综合教学技能进行达标考核，考核合格的才可到实习学校进行教育实习。

教育研习活动结合教育见习、教育实习活动开展。学生可针对教育见习环节中在课程与教学、班级管理、教学管理等方面的自身体验，以问题为导向来确定研习项目。项目确定以后，学生在随后的教育实习阶段，以个人或小组的形式在实习环节进行调查研究，探索问题解决的方法和途径。

教育实习在第 7 学期进行，实习内容包括听课、评课、课堂教学工作、班级管理工作等，主要关注的是实习生的行为表现。学校非常重视教育实习工作，实施专人负责，校内外双指导教师。但由于教育实习是安排在第 7 学期，由于学生找工作、考研等，学生投入到教育实习的精力多少不一，因而实习效果好坏不一。因此，教育实习前的几个教育实践环节对师范生教育教学能力的培养就同样重要。

可以看出，阶段性和连续性相统一的"教育见习、演习、研习、实习一体化"的教育实践模式将教育实践的各个环节作为一个整体来考虑，前期实践教学效果会影响后期实践教学，因此，实施过程中要做好不同阶段的衔接。首先，加强教育见习之间的衔接。每次见习前要让学生明白见习的内容和目标，见习结束后要总结反思目标达成度。其次，加强教育见习和教育研习之间的衔接。教育见习后期即做好教育研习的动员工作，使学生了解到教育研习的重要性，这样有利于学生有意识地发现教学实际中的问题。最后，加强教育研习和教育实习之前的衔接。研习项目立项之后，实习期间要确保项目实施，以避免师范生在实习期间忽略研习项目。总之，每个环节都必须认真计划、实施，总结反思，这样才能循序渐进，螺旋式上升，最终达到教育实践的总体目标。

（二）进行发展性评价，促进专业发展

发展性评价强调在被评价者参与和自我反思的基础上，以其自身的发展作为观测点，将评价与发展有机结合起来，促进被评价者的发展。发展性评价该用于教育实践，不仅仅是给予学生评定分数或等级，更是能够给被评价者提供未来发展方向和成长建议。"教育见习、演习、研习、实习一体化"实践模式必然要求采用全面的、发展性评价方法。采用发展性评价，一方面可以使学生从被动接受评价转变为主动参与评价，并自主改进自己的教学；另一方面可促进师范生全面同步发展，如师范生教学技能、自我认识和诊断、自我改进的意识和能力等。这些方面不仅关系到师范生教育实践成绩的评定，也进一步影响到师范生将来就业以及未来职业发展。为此，我们采用档案袋评价法代替原来的"两表一册"。评价的内容大为扩展，除了教学技能以外，还包括班级管理、师生交流、教师间合作交流、信息技术、教学反思、教育调查研究以及职业意识等多方面。

师范生教育实践档案袋由三部分组成：一是"一体化"教育实践模式的整体计划安排。使学生明确各环节的实践内容（主题）以及达成目标，以便学生在实践开展之前有充足的思想准备。二是实践过程材料。主要是常规的实践过程记录材料，如听课记录、教案、班主任工作计划、具体学生案例、教育调查报告等，力求能全面反映师范生教育实践能力的发展。三是师范生的总结反思材料。主要是学生对自己在教育实践中的得失以及各阶段目标达成情况的总结，是学生对自己的剖析、评价。教师也根据自己的指导情况，结合学生的反思情况，针对性地

提出在下一实践环节该学生需改进、提高的方面及相应的方法，促进学生更好地发展。这些材料汇集在一起，就比较全面地记录了师范生教育实践发展变化以及个人成长过程。在这"实践—反思—发展"过程中，使师范生逐步养成在实践中及时进行全面的自我反思，进而明确今后在专业能力发展上的努力方向，形成自我教育和自我发展的能力，为职后的专业发展奠定坚实的基础。

（三）应用效果

虽然人才培养质量是多因素综合作用的结果，但近年来我们构建并实施"教育见习、演习、研习、实习一体化"的教育实践模式在提高教育实践效果、提高师范生专业技能方面也显现初步成效。一是由于提高了对见习、演习和研习环节的重视程度，后期教育实习环节的综合实践效果也得到提升，综合实习等级为优秀的比例有所提高。二是学生在参加学校和安徽省各级师范生教学技能竞赛中也取得不错的成绩，多次获得省级竞赛一、二等奖。三是生物科学（师范）专业学生在教师资格证考试面试环节有较大优势，毕业时几乎都可以获得高级中学教师资格证。

针对阜阳师范大学生物科学（师范）专业教育实践现状，我们构建了"教育见习、演习、研习、实习一体化"的教育实践模式，给师范生提供了一系列在真实的教育情境中观察、体验、模拟及实践的机会。"一体化"的实践教学体系也将高等教育和基础教育更紧密地联系起来，避免二者出现以往的割裂状态。见习以体验为基础，重在感知和生成问题；研习以兴趣为驱动，重在探究和研究问题；实习以综合实践为主，重在体验和解决问题。通过发展性评价，促使师范生教育实践后能及时地、系统化地反思，尽早发现自己专业上的不足，正确评估自己的发展能力与水平，在此基础上制定出符合自己未来发展需要的目标，在随后实践过程中不断地进行调整与完善。这样，将分散的教育实践环节变为连续的、发展式的，同时加强过程、评价管理，使师范生获得持续的能力提升和专业发展，最终达到践行师德、学会教学、学会育人和学会发展的毕业要求。同时，"教育见习、演习、研习、实习一体化"的教育实践模式也符合教育部《普通高等学校师范类专业认证实施办法（暂行）》中二级认证标准的要求，这一教育实践模式的正确实施也可为生物科学（师范）专业顺利通过师范专业二级认证奠定基础。

第六节　教师供给导向与应用型高校师范生创业教育

一、"创业教育""教育供给侧"的概念及其研究

（一）"创业教育"概念的研究。

"创业教育"的概念首先由专家柯林·博尔提出，国外学者认为创业教育既培养个人的开创能力，又是经济发展中的一种主要推动力。

在国内，邱化民、孔洁珺等诸多学者提出创业教育是一种在专业教育基础上以培养大学生事业心、创造性思维和开拓性行为方式为目标，以培养创业观念、知识、能力为内容的教育实践活动。

结合国内外学者对创业教育概念的界定，本研究认为创业教育是一项包括以培养创新精神、创业观念、创业知识、创业能力在内的开创能力为主要目标的教育实践活动，同时成为经济发展中的一种主要推动力。

（二）关于创业教育开展情况的国内相关研究。

1. 关于创业教育现状的相关研究

从"创业教育"的基本理念出发，马永斌、柏喆、万荣跟、曲小远等国内研究者对目前存在的问题进行了相关研究，可将目前存在的问题归纳为以下五点：创业课程、创业师资、创业教育开展模式、创业实践和创业教育评估。

李伟铭、李萍、胡桃、黄林楠等学者基于国内创业教育现状，对创业教育改革进行了相关研究，分别提出了"更新学校顶层设计（构建分阶段的师范生培养方案、构建分级管理体系）"、重建创业教育课程体系、师资队伍体系、开展教学改革、完善创业实践资源体系、"构建完善的社会评估体系"等意见。

2. 关于师范生创业教育的相关研究

许羚菡、杨清溪、周良灏、谭晋钰、薛珊等研究者主要从师范院校的目标定位、课程体系、教学模式、师资队伍、支持体系、训练实践体系、指导服务体系、顶层制度与运转机制设计等方面进行了相关研究。

在师范生创业教育模式方面，徐生林、王彩华、王淑娉、金艳红等研究者进行了改良探索，如"三加一"创业教育模式探究，师范生的双向分流教育模式分

析，王淑娉以浙江师范大学为例，探索基于"问题、实践、市场"导向的创业教育模式，以更好地适应当今中国的社会经济基础，并更好地促进师范生教育朝纵深处发展。

（三）关于"教育供给侧"的相关研究

"供给侧"概念始于经济学，2015 年习近平总书记强调"在扩大需求的同时，着力加强供给结构性改革，着力提高供给体系质量和效率，增强经济持续增长动力"，由此，"供给侧"作为政策术语进入大众视野，并被教育学研究者作为学术术语开展相关研究。"教育供给侧指通过调节劳动力（教师和学生等）、土地（基础性资源）、资本（学校资金和无形声誉）和创新（思想、理念、制度、文化）等要素，促进教育发展。"

如今，从教师市场的需求看"教育供给侧"的重要资源——师范生的培养，却不甚乐观。以往的师范生培养侧重教师职业技能与相应专业知识的学习与应用，包括设计教学的能力、表达能力、教育教学组织管理能力、教育教学交往能力、教育与心理学理论、语言文学知识等，对于当今时代需要的创新创业能力、管理能力等的培养较匮乏。

从"教育供给侧"的师范生培养角度来看，缺乏"有效供给"，即缺少提供与教师市场需求相适应的教育供给，具体表现在以下两个方面：第一，师范生受时代浪潮的影响，毕业后不想成为一名体制内的教师，此时导致教师职业技能和相应专业知识无效供给；第二，学校并不重视师范生的创业教育，对想从事教师以外职业的师范生来说，缺乏创业知识、管理知识、创业能力、创业品质、沟通交际能力等创业教育方面的"有效供给"。

二、我国师范生创业教育开展情况的调查

（一）调查方法说明

在对师范生创业教育开展情况的调查中，研究组选择以某应用型高校的教师教育学院及其他培养师范生的学院为研究对象，采用问卷法，以分专业按比例抽样的形式选择调查样本展开调查。共发出学生问卷 228 份，成功回收 222 份，回收率为 97.4%，同时研究组根据目的性抽样的方法，选取该校管理者、教师及校外教育机构管理者作为访谈对象，开展访谈调查。根据研究组对于创业教育的概念及开展情况的影响因素的理解，研究组将问卷的主要指标定为：创业意识，创

业知识，创业能力与品质，创业条件，创业教育观念，创业教育形式和师资力量。并将问卷有效回收，采用大数据统计分析的方法对收集到的结果进行分析归类总结，形成图表。在此调查研究基础上，整合学校管理者及教育机构管理者的访谈要点，以此探寻原因，寻找措施。

（二）调查结果与分析

本研究调查结果与分析的呈现主要依据调查方案设计的调查维度展开。

1. 创业意愿

师范生普遍倾向于毕业后在稳定的教育单位工作，且大都认为创业是为了增加经济收入，少部分人认为是为了增加就业岗位。但在对创业的态度上，7 成的人持积极态度。说明师范生创业意愿普遍较弱，且社会责任感较缺乏，但他们的支持态度为师范生创业教育的开展及师范生的成功创业提供了可能性。师范生的创业教育在强化师范生的社会关怀意识方面可以有所作为，提高他们的创业意愿。

2. 创业知识、能力与品质

师范生认为自己最缺乏的是创业能力，特别是决断能力和敏锐的市场洞察能力。有近 7 成的被调查者认为自己缺乏创业知识，尤其是经营与管理知识。近 4.5 成的被调查者认为自己缺乏创业品质，尤其是敢于行动、敢冒风险、敢于拼搏、勇于承担行为后果的品质。在对所需创业素质的排序中，被调查师范生认为知识素质和信息技术素质最重要，其后为心理素质与理想信念等，市场认知能力被师范生排在了最后，反映了多数师范生重视知识与心理素质，而对交际管理与市场认知素质的重视不够。

在和教育机构负责人的访谈中证实了这一点。他们透露，当前一些新教师缺乏管理能力，难以胜任"班主任"这一职务，还有在语言沟通和人际交往方面的能力也有待提高。另外，众多教师在学科知识的理论储备上基本没有问题，但在实践动手教学中能力明显不足（如科学实验课的教学），这反映了教师动手实践能力较弱。这与师范教育特定的培养计划与教学计划、创业实践机会少和教师这个职业的惯性都是密不可分的。由此可见，从市场需求出发，当前应用型高校在管理知识能力、沟通交际能力、动手实践能力上的培养方面存在"有效供给"的问题，这些问题的解决有赖于创业教育的改革。

3. 创业条件

在师范生创业条件的调查中缺乏好的创新创业项目、创新创业素质、技能及社会关系是当前师范生创业面临的三大困难，资金场地限制、缺乏社会认可和政策支持也是多数师范生面临的创业困难。由此可见，师范生创业面临诸多困难。在师范生创业劣势的调查中，大多数被调查者认为主要有：教学内容偏重于师范生技能训练、创业教育少、创业教育师资力量薄弱，师范生创业意识弱、追求稳定工作，特殊培养方式导致创业渠道窄小。这表明高校要适当改变当前这种重就业轻创业的培养方式，加大创业教育的师资力量和比重，融入正确的创业观，强化师范生的创业意识。另外有近两成的人认为当今政府几乎没有针对师范生的鼓励政策，加之高校缺乏经验，导致在师范生创业上的投入资金和实践基地缺乏，给师范生成功创业加大了难度。创业低成功率反过来降低了师范生的创业信心，成为阻碍师范生创业的内在因素。

4. 创业教育实施情况

调查发现，在教师教育学院中有 35.48% 的师范生认为未接受过创业教育，在除教师教育学院的师范生中，63.27% 的学生认为未接受过创业教育，未接受过创业教育的师范生所占比例不小。在接受过创业教育的人中，55% 的人认为有一定帮助，较有必要，28.75% 的人认为有必要但有待提高。这一结果显示师范生对于创业教育的价值普遍持肯定态度，现如今开展情况有待改善，与期待值还有差距。在高校创业教育开展的形式中，高校主要通过开设创业选修课程、创业讲座和就业培训开展，但创业实践和创业竞赛等形式较缺乏。总体而言，形式较为单一，且忽视实践训练，未能与企业、政府建立密切的联系与合作。在对课程的调查上，部分师范生认为所授的知识应更具系统性和专业性，其次是课程需要进一步与市场接轨和需要更多实践成分，希望与专业对口，有更多的创业基金、创业设施、创业平台，获得半数左右的支持，创业课程的开设也应该优化。在创业教育师资的调查中，只有 13.75% 的人认为师资力量强，且有专门的教师教授，目前不存在问题。师范学院的教师大多是传统应用学科的教师，属于单一精准型的教师，师资的匮乏在很大程度上影响了创业教育的开展和普及。总体看，课程开设不全、与专业结合度不高、模式较单一、师资匮乏都是当前师范生创业教育开展存在的问题。

三、日本应用型高校师范生创业教育研究

（一）以 ESP 理论为中心的创业教育理念。

从整体看，日本的创业教育大体上以 ESP 理念为理论框架。ESP 理念是一

个培养创业家的三维体系，有五个相互交叉的部分作为周围软环境的配合，分别是学生创业教育、大学校园指定空间、服务网络、社会力量、数据库资源和信息网络，中间交叉的部分是大学风险企业。由此可见，日本高校十分重视学生风险企业的创办，并以此为中心展开工作。周围软环境建设有赖于学校提供的各项创业支持，如资金、技术、创业园地建设、创业指导、项目对接、信息支持等方面，因此加强周围软环境的建设至关重要。

（二）官产学协作体系

基于这一理念，日本在全国范围内建立了一套官产学密切配合的支撑体系，如企业能直接参与高校教育的改革过程，并与其合作动态培养创业师资。总体上，呈现出政府积极主导、产业界积极参与的特点，形成了一套独有的官产协作支援体系。

（三）构建主副渠道相结合的创业教育

在创业教育的具体实施方面，日本将创业课程的主渠道与包括创业实习、创业竞赛、国际合作交流项目在内的多方辅渠道结合，形成了创业教育的开展合力。在创业课程上，根据学生专业、学历、意愿上的差异，有针对性地划分为四类：MOT 课程、MBA 课程、独立的创业课程和其他形式的课程。而且相较于中国，他们的课程更具系统性，注重与专业的结合，为创业教育提供了更明确的方向，避免了"泛泛而谈"。此外，还将理论传授与实践项目联动，导入长期见习制度，提高了创业教育的社会实践性。

四、我国师范生创业教育提升路径探究

（一）加大师范生创业支持力度，构筑官产学社会协作体系

1. 政府支持

第一，应建立完善的监管服务组织机构体系支持师范生创业教育，保证分工的明确性和创业支持的全面性。

第二，应制定相应的法律、政策为师范生创业减缓阻力，提供合适的创业环境，如明确技术转移中的知识产权纠纷、研究员兼职、合伙人责任认定等。

第三，应制定政策引导应用型高校推进师范生创业教育，引入重点研究经费竞争机制和业绩外部评估机制，将师范生的创业能力作为考核师范院校的标准之一，按照考核结果分配有限的创业研究经费。

2. 社会支持

第一，相关企业、组织等应加强校企合作，贡献场地、人才、资金、信息等资源，结合企业特色参与高校的课程开发、实施、评价过程，为创业教育提供市场导向，提升师范生创业教育的实用性。

第二，在政府的倡导下，社会力量应在高校结合地域与自身特色的资源优势基础上，积极与其开展校际、校企、国际合作，创造师范生创业的积极市场环境。应构建完备的大学生创业服务体系，主要工作是为学生创业提供信息咨询、政策指导、风险评估、技术咨询等后续保障服务；再与企业单位，尤其是与本专业相关的企业合作，让学生直接管理企业的某个经营项目或某个具体环节，从而切实提高师范生对企业经营管理的熟悉程度，促进创业知识在实践中的运用。

（二）优化师范生创业教育课程体系，促进教育资源多元化

1. 丰富教学实践，在交流中促进师范生创业教育资源多元化

第一，高校应加大师范生创业支持力度，整合校内外创业资源，完善师范生创业教育实践平台。校外加强与社会企业单位、其他高校的合作交流，校内鼓励师范生与不同专业学生合作创业，实现专业间的优势互补。高校拓展校内外实践基地，支持创业社团发展，设立师范生创业支持计划与竞赛，同时为其配备创业指导教师和一定的创业资金。此外，高校提供更为贴近实战的实践性课程，如创业经验交流、创业沙盘模拟、创业仿真实训等。

第二，高校应充分利用校友资源，开展榜样教育，定期邀请优秀校友来校分享师范生成功创业经历，培养师范生的创业热情与敢为冒险精神，提升创业心理品质。

2. 完善课程体系，在改革中提升师范生创业教育课程针对性

第一，高校应构建教材开发、课程实施、教学评价的完整师范生创业教育机制。在教材开发上，高校应组建一支由高校教师、企业管理者、课程专家组成的教材开发团队，开设针对师范生的创业课程，使课程内容更具实用性和市场前沿性。在课程实施上，高校应将主渠道（课程与讲座）与辅渠道（实习、竞赛、国际合作交流项目）协作教学。在教学评价环节，高校应立足应用型高校使命，以发展全面的人为目标，建立创业教育的多元评价指标。

第二，高校应创新师范生创业教育教学方式，根据师范生专业特色因材施教，提高创业课程的针对性与时代性。高校要开设针对师范生的常识类课程，如"创业基础""创业案例分析""大学生创业指导"等，借此让师范生了解我国大学生

创业现状、创业政策、创业者应具备的基本素质、创业要做的一些基本准备等常识；针对有意愿创业的师范生设置更专业、更系统的创业选修课程，培养现阶段创业者所需的一些重要的创业素质，如信息技术、人际协作与管理、礼仪等，使学生掌握更系统、深化的创业知识。高校可借助互联网实现师范生创业教育资源交流共享，成立创业数据库，实现师范生创业教育科学化，采用创新教育方式丰富师范生创业教育内容。在丰富的师范生创业教育课程形式中实现必修与选修课程、专业与创业课程、线上与线下课程相结合，坚持学科课程、实践课程与素质拓展课程并重，多方位、多层次地加强师范生创业教育。

（三）提高师范生创业教育师资水平，促进教育指导专业化。

创业教育教师是具有创业精神和企业家的潜质，对如何将知识转化为生产力有一定的认识，并且拥有一定创新能力的综合型、复合型教师。

1.重组一支高水平、全方位的师资队伍

第一，高校定期培训创业教育的专职教师，组织企业参观交流活动，制定政策鼓励创业教师进行创业实践，促进教师的可持续发展。

第二，邀请政府人员、专家、成功企业家和企业中的经管、风投人员等作为兼职导师，通过开展短期讲学、研讨会、创业论坛等活动向学生分享真实的创业经验和最新的创业政策、理念，弥补高校教师在创业实战经验上的不足。

第三，通过暂时引进别校的优秀教师，带动本校教师尤其是年轻教师在此期间的成长，实现优质教师资源的快速衍生。

2.建立全新的师范生创业教育教师评价管理体系

美国学者 Talor Hubor 和 York 建议应对教师的教学进行评价，从而激发其教学热情，因此高校应对每位教师创业教育的开展过程和结果进行综合评估。在此过程中，评价者不仅要将学生的创业成果和创业综合素质等教学结果作为重要依据，还要充分考虑教育的开展过程，如创业形式是否丰富、教学方式有无创新、教学内容有无脱离市场需求等。这些方面的考量可以通过实践调查、问卷调查、自评、他评、师评等方式完成。另外，在完成相关教师的教学评估后，应对教学成果显著突出的教师给予相应的奖励，建立科学有效的创业课教师绩效考评机制。

第七节　微格教学在师范院校教育实习中的应用

微格教学能够将师范学生应具备的教学能力进行分解，通过对单项教学技能进行训练，使学生从教育实习中掌握一定的技巧，且具备教学的能力。微格教学作为师范院校的专业实践课程，得到广泛的应用和推广，能够使师范生具备一定的心理素质，将所学的知识和技能应用到课堂教学中，提高师范生的实践能力。微课教学充分融入了现代技术手段，通过特定的实习系统，将教育理论及相关技术融入系统中，通过对教学实践技能进行分解和细化，提高学生的教学技能。

一、微格教学在师范院校教育实习中的作用

微格教学在师范院校中得到了广泛的应用，能够充分调动学生的学习积极性，提高师范生的教学技能，使师范生的教学能力得到锻炼。

有利于调动学生的学习热情。微格教学融入创新性技术手段，能够充分结合现代技术手段，使学生形成新的教学理念，摒弃传统教学理念的弊端，更好地适应当代教育行业的发展。微格教学充分融合教育学和心理学，通过对学生进行教学技能训练，使学生逐渐接受和掌握现代教学理念，充分调动学生的学习热情，使学生的技能不断提高。

有利于提高师范生的教学能力。微格教学结合录像和摄像的功能，对教学行为进行记录和评价，使师范生能够看到自己的表现，及时发现自己的不足，从而采取相应的措施改善自己的缺陷，提高学生的教学技能。在微格教学过程中，可以结合教学技能中的某项技能进行专项训练，抓住某个环节进行单独训练，通过不断反复的训练，使学生的整体教学技能得到提高。微格教学可以将学生的表现反馈给学生，提高学生的自我认识，并通过自我观察和分析，更好地纠正自己存在的问题，使自己能够快速准确地发现问题并解决问题。

二、微格教学在师范院校运行中存在的问题

师范院校对微格教学重视程度不足。微格教学需要一定的设备支持，大部分师范院校由于缺乏对微格教学的重视，在设备上无法满足，在微格教室中投入资金较少，影响教学技能培训的效果。微格教学更加注重实践性，因此在教学上花

费的时间较多，大部分师范院校仍然秉持传统的教学方法，微格教学分配的学时较少，学生很难在短时间内掌握教学的所有技能。微格教学经常会安排学生进行试讲，在班级学生较多的情况下，很难在短时间内照顾到每个学生，从而无法发挥微格教学的目的。由于课时不足，很难实现学生对某项教学技能的反复训练，且无法完成多项技能训练，从而无法发挥其教学价值。

师生缺乏对微格教学的认识。在师范院校教育实习中，大部分师生采用微格教学却很少涉及微格教学理论，在整个教学过程中，缺乏理论的学习和指导，从而无法全面发挥微格教学的作用。微格教学具有一定的教学目的，通过其理论基础知识和教学特点，对学生的各项技能进行训练。学生对微格教学的认知较少，简单认为微格教学为教学实习平台，并没有认识到微格教学的重要性和价值，从而学生无法利用微格教学认识到自己的不足。教师在利用微格教学时，并不了解微格教学的主要教学目的和作用，没有为学生设立明确系统的实训方案，使得学生的学习过程漫无目的，从而使学生的学习过程缺乏系统性的指导。

学生未能充分利用微格教学改善自己的不足。微格教学通过摄像的功能，将学生的表现反馈到学生个人，学生并没有充分重视微格教学的评价功能，使得整个评价缺乏科学标准，教师也未能建立科学技能评价体系，导致在教学过程中评价缺乏客观性，无法真实地反馈学生的状态。在微格教学应用过程中，缺乏完善的管理和培训计划，学生盲目地使用微格教学，并不清楚需要达到什么目的，实现什么效果，无法发挥微格教学的真正作用。在微格教学过程中，需要各个教学单位的积极配合，才能实现各部门统一调配，使得各部门教师积极支持和参与，实现微格教学的最终效果。

三、微格教学在师范院校教育实习中应用的措施

提高师范院校师生对微格教学的重视程度。微格教学融入了现代教学理念，师范院校师生应充分认识到应用微格教学的重要性，在微格教学设备和设施方面加大资金投入，为学生学习提供良好的环境，以增加微格教室，实现微格教学的各项功能，充分满足微格教学的需要，实现微格教学的目的。同时，应增加微格教学的课时，增加微格教学的时间，使每位学生都能在微格教学中对每项教学技能进行多次反复的训练，通过反复观看自己的教学视频，结合学生在台上的表演，分析自己在各教学技能中存在的不足，从而结合评价改正自己存在的问题。增加教师和学生对微课教学的了解，能够有效避免学生学习和训练的盲目性，使学生

能够正确利用微格教学，实现训练的目的，达到训练的效果。

实现理论教学和微格教学相结合的模式。微格教学离不开必要的理论知识基础，学生应充分具备教育学、心理学等基础知识，明确课程改革的重点和难点，分析课堂教学技能的内容和特点，并掌握微格教学的方法和目的，从而更好地应用微格教学。微格教学更加注重实践，学生在掌握足够理论知识的基础上，才能够更好地发挥微格教学的作用，将学生的理论知识与实践相结合，使学生的教学技能能够得到提升。师范院校教师应充分掌握微格教学的基本程序，明确微格教学的原理，为学生制定科学的培训计划，从而鼓励学生坚持进行学习，从微格教学中发现自己的问题，从而达到技能训练的目的。

建立完善的教学评价体系。微格教学注重对学生的评价，通过评价使学生认识到自身的优势和不足，从而采取有针对性的方法，改正自身的不足。微格教学能够及时地将学生的表现进行传达，将信息及时反馈给学生，学生通过反复观看自己的教学视频，不断进行自我分析，找到自己在教学技能方面存在的问题，从而有针对性地提出改进方案。同时，也可以结合教师和学生的评价和建议，通过多方的指导意见，不断完善和更正自己的不足，使自己在微格教学中取得更好的表现。在进行评价时，应形成明确的评价标准，确定合适的评价指标，形成客观的评价结果，为学生提出合理化的建议，通过营造良好的课堂氛围，达到一定的教学效果。

微课教学能够充分弥补师范院校教学过程中的不足，重视对学生教学技能的培养，通过理论与实践相结合的方式，提高学生的综合教学能力。师范专业的学生，应具备一定的心理素质和能力，将教学内容通过各种形式传达和表现出来。微格教学通过对教学技能进行分解和分阶段的方式，使学生能够对专项技能进行反复训练，从而不断发现自身的问题，并采取相应措施改进，达到微格教学的目的，提高学生的综合能力。

参考文献

[1] 夏雨红.建设新时代社会主义法治文化 [N].吉林日报,2019-03-25.

[2] 刘和福.论高校教育法治文化建设 [J].南华大学学报,2012(4):70.

[3] 李德顺.教育法治文化论纲 [J].中国政法大学学报,2007(1):6-14.

[4] 粟用湘.大力加强教育法治文化建设 [N].光明日报,2012-06-24.

[5] 胡建华.论高校教育法治文化建设存在的主要问题及对策 [J].长江师范学院学报,2008(6):86-91.

[6] 吴艳.高校教育法治文化建设问题与对策探析 [J].云南农业大学学报,2011(5):67-70.

[7] 林志香.浅论高校教育法治文化建设的创新 [J].文教资料,2012(4):99-100.

[8] 尹丹,赵明媚.提高大学生法律素质在高校教育法治文化建设中的地位 [J].黑龙江科技信息,2010(21):145.

[9] 张锋会.构建社会主义教育法治文化路径探析:以社会主义强国战略为背景 [J].求索,2012(2):45.

[10] 石攀峰.20世纪二三十年代师范学校训育问题探讨 [J].内江师范学院学报,2018(9):74.

[11] 王巧玲,张光闪.新媒体时代廉洁文化融入青少年思想道德教育研究 [J].内江师范学院学报,2018(11):128.

[12] 刘斌.当代教育法治文化的理论构想 [J].中国政法大学学报,2007(1):15-19.

[13] 杜芳芳,徐继存.高师院校教育学专业改革初探 [J].国家教育行政学院学报,2007(12).

[14] 徐继存.专业化时代的教育学及其批判 [J].教育学报,2013(5).

[15] 朱成龙.浅析中外高等教育课程设置的对比 [J].通俗歌曲,2014(8).

[16] 李德林,徐继存.我国高师院校教育学本科专业课程体系的改革 [J].湖

南师范大学教育科学学报，2008（3）.

[17] 黄明东，陈越 . 调整与优化：教育学本科专业人才培养问题研究 [J]. 中国大学教学，2017（7）.

[18] 杜威 . 杜威教育论著选 [M]. 赵祥麟，王承绪，编译 . 上海：华东师范大学出版社，1981.

[19] 樊丽明，杨灿明，马骁，等 . 新文科建设的内涵与发展路径（笔谈)[J]. 中国高教研究，2019（10）：10-13.

[20] 陈晓宇 . 关于我国教育学科发展若干问题的认识 [J]. 高等教育研究，2017，38（2）：45-51，100.

[21] 钟秉林 . 综合性大学教育学科发展若干问题探析 [J]. 清华大学教育研究，2019，40（4）：1-7.

[22] 胡天佑 . 论应用技术型师范大学的教育学科建设 [C]// 中国高等教育学会 . 高校·学科·育人：高等教育现代化：2017 年高等教育国际论坛论文集 . 北京：中国高等教育学会，2017：1.

[23] 马世年 . 新文科视野下中文学科的重构与革新 [J]. 西北师大学报（社会科学版），2019，56（5）：18-21.

[24] 胡开宝 . 新文科视域下外语学科的建设与发展: 理念与路径 [J]. 中国外语，2020，17（3）：14-19.

[25] 胡智锋，徐梁 . 新文科背景下"戏剧与影视学"专业建设的理念与路径 [J]. 戏剧（中央戏剧学院学报），2020（3）：1-8.

[26] 王兆璟 . 新文科建设与教育学的时代变革 [J]. 西北师大学报（社会科学版），2019，56（5）：31-35.